Hans Ulrich Kötter
Handbuch der Unzufriedenheit

Zu diesem Buch

Sie wollen leiden, denn Leiden ist für Sie Lustgewinn und Unzufriedenheit die Erfüllung des Lebens? Dann kennen Sie sicher Paul Watzlawicks »Anleitung zum Unglücklichsein«! Das »Handbuch der Unzufriedenheit« zeigt Ihnen nun alle Kniffe, Tricks und Techniken, mit denen Sie sich systematisch die Lust am Leben nehmen und es in der Unzufriedenheit zur Meisterschaft bringen können. So lernen Sie zum Beispiel, wie Sie erfolgreich jede Beziehung zerstören, daß Sie sich niemals in Frage stellen dürfen, sich zugleich aber zutiefst mißtrauen sollten und daß die als »selbstlose Liebe« getarnten Gefühle von Haß und Mißgunst zu den größten Vergnügungen gehören. Hans Ulrich Kötter, ein geradliniger Querdenker, genehmigt seinen Lesern, sich aus sicherer Distanz zu amüsieren – und verbietet es niemandem, sich wiederzuerkennen. Seine liebenswürdige Bosheit schärft den Blick, das eigene Handeln zu überdenken.

Hans Ulrich Kötter, geboren 1966 in Fulda, studierte Medizin, absolvierte eine klassische Gesangausbildung und arbeitete an der Psychiatrischen Klinik der Universität München. Umfangreiche wissenschaftliche Publikations- und Vortragstätigkeit, Lehrauftrag an der Venice International University. Seit 1996 leitet er die C3P Innovationswerkstatt, ein Beratungsunternehmen für Personal- und Innovationsmanagement (E-Mail: huk@c3p.de). Außerdem ist er als Kursleiter für Gruppenselbsterfahrung und als Regisseur tätig.

Hans Ulrich Kötter
Handbuch der Unzufriedenheit

Piper München Zürich

Originalausgabe
Dezember 1999
© 1999 Piper Verlag GmbH, München
Umschlag: Büro Hamburg
Stefanie Oberbeck, Katrin Hoffmann
Umschlagabbildung: Michael Sowa
Gesamtherstellung: Clausen & Bosse, Leck
Printed in Germany ISBN 3-492-22928-X

INHALT

Vorwort   7

Der Motor des Lebens   9

Warnungen   13
Warum ein Handbuch?   16
Narkissos und Echo   18

Die 12 Gesetze der Unzufriedenheit   23

1. Das Gesetz des sinnlosen Leids   24
2. Das Gesetz der Beziehungslosigkeit und ewigen Suche   26
3. Das Gesetz des kontrollierten Urvertrauens   27
4. Das Gesetz der perfekten Zukunft   29
5. Das Gesetz der absoluten Relativität   33
6. Das Gesetz der entschiedenen Entscheidungslosigkeit   34
7. Das Gesetz der verbindlichen Unverbindlichkeit   35
8. Das Gesetz der eindeutigen Zweideutigkeit   36
9. Das Gesetz der fordernden Ablehnung   38
10. Das Gesetz der Autonomie   40
11. Das Gesetz der machtlosen Allmacht   42
12. Das Gesetz der maßlosen Gier   45

Das Ich und seine manipulierte Wirklichkeit   47

Schuld und Sühne   48
Die Welt als Wille und Vorstellung?   50
Von der wahren Falschnehmung   62
Die Macht des Schicksals   63
Die Kunst der falschen Kommunikation   66
Die Erschaffung des Ich-Ideals   71
Erkenntnis und andere arglistige Enttäuschungen   73

Handlungsanweisungen   79

Zen oder Die Kunst der Unzufriedenheit   79
Supernova und Schwarzes Loch   80
Gott und andere Banalitäten   83
Die großartige Minderwertigkeit   84
Klagen, jammern und bedauern   87
Mögen hätt' ich schon wollen   90
Das Prinzip Hoffnungslosigkeit   97
Sackgassen und Einbahnstraßen   103
Das ORAKEL-Prinzip   106
Sein oder nicht sein   112
Die wunderbare Welt der Abwehrmechanismen   114
Das macht mich krank!   122
Auf die Plätze – feeerrrtig – los!   125
Sucht – die ewige Suche   127

Co-Unzufriedenheit – die Hölle auf Erden   129

Manipulieren geht über studieren   131
Teuflische Metamorphosen   135
Der cholesterinfreie Eierpfannkuchen   139
Idealissimo   141
Schachmatt   144

Nachschlag   149

Die richtige Partnerwahl   149
Brevier der vermeidbaren Fehler   152

Undanksagung   153

Vorwort

Unzufriedene aller Länder, vereinigt euch!

Finden Sie es nicht auch unerträglich, zufrieden mit sich und der Welt zu sein? Sie kennen doch bestimmt das scheußliche Gefühl der Zufriedenheit, der inneren Ruhe und Ausgeglichenheit, das irrige Geister für das Erstrebenswerteste halten?

Erinnern Sie sich an diese schrecklichen Momente – Abende mit Freunden vor dem Kamin, lange Spaziergänge in der Natur, in denen das Gefühl innerer Verbundenheit mit der Welt aufkommt, Tage, Wochen oder gar Jahre einer liebevollen und tief empfundenen Partnerschaft?

Ruft das in Ihnen nicht auch Panik hervor und die Sehnsucht nach Momenten innerer Unausgeglichenheit, die es Ihnen ermöglichen, in pausenloser Unruhe weiterzueilen, auf der ständigen Suche nach einem Grund Ihrer erbärmlichen Existenz?

Oder glauben Sie etwa nicht, daß Harmonie und Freude, Zufriedenheit und Glück lähmend sind und das Leben unerträglich langweilig machen? Nein? Dann gehören Sie vielleicht zu den Menschen, die gerne sagen: »*Eigentlich* bin ich ganz zufrieden, *aber* ...

Der Motor des Lebens

»I hock da ond d'Sonn scheint auf mi ra. Ond wie I da so hock, scheint d'Sonn, oifach so. I hock ond bin warm.« (Ich sitze da, und die Sonne scheint auf mich runter. Und wie ich da so sitze, scheint die Sonne, einfach so. Ich sitze und bin warm.) Diese berühmten Worte von Karl Vöckinger, einem schwäbischen Albbauern, zählen zu den neun Weltwundern der Existentialphilosophie. Eine weitere und für Nichtschwaben besser verständliche Wendung aus seinem Mund lautet: »I bin ja so dankbar.«

Bei diesen Worten läuft uns ein wohliger Schauer über den Rücken. Klingt das nicht wunderbar, so freundlich, heiter und beruhigend? Die Begegnung mit dem alten Karl lädt uns ein, voller Gemütlichkeit neben ihm Platz zu nehmen. Wäre das nicht herrlich, uns jetzt von der Sonne wärmen zu lassen und einfach dankbar zu sein, zufrieden mit uns und der Welt?

Doch haben Sie schon einmal darüber nachgedacht, was diese zufriedene Lebenshaltung Karl Vöckingers zum Beispiel für die Haustier- und Zooartikelbranche, die Solarienbetreiber oder die Protestwählerparteien bedeutet? Was da im ersten Moment so schön klingt, ist der Untergang unserer Zivilisation, unserer Gesellschaftsform und unseres sozioökonomischen Systems! Wenn alle in der Sonne hockten und sich über die wärmenden Strahlen freuten, wer würde dann noch das Bruttosozialprodukt erwirtschaften, wer würde sich im August unter Höhensonnen aalen und nach Mallorca oder in die Türkei fliegen, um von dort per Briefwahl seinen Mißmut über die Ausländer im eigenen Lande zum Ausdruck zu bringen?

Damit habe ich doch nichts zu tun, werden Sie denken. Wie gut – dann sind Sie bestimmt einer der Zeitgenossen, die sich nie darüber ärgern, daß immer die anderen Urlauber die Staus verursachen. Sie arbeiten täglich zwölf bis vierzehn Stunden – aber natürlich nur, weil Ihnen Ihr Beruf so am Herzen liegt. Sie fahren ein großes Auto aus dem einzigen Grund, daß es viele Sicherheitsvorteile bietet, und all die vielen Verpflichtungen, denen Sie nachkommen, erfüllen Sie lediglich, weil irgend jemand es ja schließlich machen muß. Ihr Kind schicken Sie gewiß nur deshalb zur Ballettstunde, zum Tennistraining, zum Yoga, Klavierspielen und zum Nachhilfeunterricht in fünf Fächern, damit es eine gute Startposition im Leben hat. Und natürlich lassen Sie es Gedichte vor dem großen Kreis Ihrer illustren Gäste aufsagen, weil das zwar eine strenge, aber liebevolle Erziehungsmethode ist.

Herzlichen Glückwunsch – Sie wandeln bereits auf dem richtigen Pfad: Sie sind durch und durch ein Altruist.

Es wäre schon sehr boshaft zu behaupten, daß Sie Ihre Kinder oder den Partner auch gerne als Vorzeigeobjekte präsentierten, das große Auto vielleicht als Ausdruck Ihrer Potenz und Macht führen und soviel arbeiten, weil Sie Wert auf viel Geld und ein hohes Sozialprestige legten. Und daß Sie das alles aus einer gewissen Angst heraus täten, Sie würden sonst nicht akzeptiert und anerkannt werden.

Nein, natürlich haben Sie damit nichts zu tun! Denn einzig und allein Sie sind frei von Fehl und Tadel, von der Versuchung, gesellschaftlichen Erwartungen und äußeren Ansprüchen genügen zu wollen. Hervorragend! Dann haben Sie auch keinerlei Selbstwertprobleme und gehören jetzt schon zum erlauchten Kreis der Erleuchteten um Jesus Christus, Buddha und Mohammed.

Sollte Ihnen jetzt jemand unterstellen, Sie seien möglicherweise in den selbstgerechten Vorstellungen Ihres selbstgestrickten Weltbildes gefangen, die Ihnen den Blick in den Keller Ihrer geheimen Wünsche versperren, sollten Sie das vehement von sich weisen!

Vielleicht halten Sie sich mit diesen Äußerlichkeiten wirklich nicht auf, sondern haben längst *die einzig wahre* große Utopie von der idealen Gesellschaft entworfen und sehen die Zukunft in einer klassenlosen, freizügigen und gerechten Gesellschaft. – Und? Zufrieden?

Vergessen wir die Äußerlichkeiten und dringen statt dessen etwas tiefer zu den Innereien vor: Lebermousse unter gelaufener Laus, gratinierte Herzschmerzpastetchen an Liebeskummerparfait, Mousse d'esprit mit Pommes dépression.

Warum ich Ihnen ein Menü aus Kummer und Leid serviere? Auch wenn Sie noch immer glauben sollten, daß Sie eigentlich die Zufriedenheit suchen, muß ich Ihnen doch einmal die direkte Frage stellen: Warum haben Sie Ihr Ziel noch nicht erreicht? Warum sind Sie immer noch nicht zufrieden? Warum wohnen andere in der Villa, von der Sie träumen? Wieso steht der Porsche nicht vor Ihrer, sondern vor Nachbars Tür? Weshalb verdient Ihr Chef doppelt soviel wie Sie, arbeitet aber nur die Hälfte? Oder warum haben Sie die anderen Menschen noch nicht von Ihrem überaus genialen Gesellschaftssystem überzeugen können? Doch nicht etwa, weil es Ihnen an Macht fehlt? Oder an Geld? Weil Sie keiner kennt und niemand auf Sie hört?

Oder sind Sie zu allem Überfluß, trotz Porsche und Villa (oder auch ohne), von Ihrem Partner verlassen worden, weil Sie nicht seinen Vorstellungen entsprechen? Oder haben etwa Sie ihn aus diesem Grund in die Wüste geschickt und sind jetzt unglücklich und unzufrieden?

Ich selbst habe alles ausprobiert: eine steile Karriere, ein schnelles Auto, erfolg- und verlustreiche Börsenspekulationen, mehrere Beziehungen. Auch als Weltideologe und Missionar war ich nicht schlecht, aber trotzdem blieb ich unzufrieden. Ich fühlte mich irgendwie leer, und eine tiefe Verzweiflung trieb mich um. Irgendwo, dachte ich, muß die Zufriedenheit doch zu finden sein. Ich suchte und suchte und suchte – bis mir die Erleuchtung kam:

Das Erfolgsgeheimnis eines erfüllten Daseins heißt gar nicht Zufriedenheit, sondern Unzufriedenheit. Denn sie ist der Motor des Lebens, der ewigen Suche, die Dampfmaschine des Konsums, die Triebfeder unseres Gesellschaftssystems und deshalb erste Bürgerpflicht – auch Ihre!

Unzufrieden, werden Sie jetzt schuldbewußt rufen, bin auch ich manchmal. Wir sprechen hier jedoch nicht von der gängigen Alltagsunzufriedenheit, die ab und an die Sonnenstrahlen Ihres ansonsten heiteren Herzens verdrängt, sondern von der professionellen, allumfassenden Unzufriedenheit, der Super-, Hyper-, Giga-Unzufriedenheit.

Es gibt ja schon einige Vordenker, die sich damit beschäftigt haben, wie unser Sozialsystem noch zu retten ist. Vielleicht kennen Sie Paul Watzlawicks »Anleitung zum Unglücklichsein«. Doch Unglücklichsein hat beileibe nicht dieselbe Wirkung wie Unzufriedenheit. Unglück ist nämlich lediglich ein kurzes, vorüberziehendes Tief, während das Nonplusultra eines unerfüllten Lebens, die Unzufriedenheit, eine Großwetterlage mit eingebauter Langzeitwirkung ist.

Stellen Sie sich vor, Sie säßen in einem Violinkonzert. Sie würden auf Ihrem Sitz festgeschnallt, und dann spielte ein erbärmlicher Geiger auf grauenhaft verstimmten Saiten ein Violinkonzert, das einfach kein Ende nähme.

Wenn Sie jetzt denken, so muß es in der Hölle sein, einfach grauenhaft, dann sind Sie ganz nah dran. Der Vorhang hebt sich, und was Sie sehen, ist die Realität, die Wirklichkeit, die Hölle auf Erden.

In Dantes »Divina Commedia« steht über dem Eingang zur Hölle: »Lasciate ogne speranza, voi ch'intrate!« Herzlich willkommen in der Hölle des Handbuchs der Unzufriedenheit! *Treten Sie ein und lassen Sie jede Hoffnung fahren!* Hier können Sie Ihr blaues Wunder erleben und die einzig wahre Zufriedenheit finden, nämlich die Unzufriedenheit.

Warnungen

Bedenken Sie aber bei der Lektüre immer, daß es neben so boshaften Menschen wie mir, die sich derart rührend um Ihr Unwohlsein kümmern, auch solche gibt, die immer wieder versuchen, die Menschheit mit allen möglichen Rezepten, Konzepten und Gesetzen auf den Weg des Glücks und der oberflächlichen Zufriedenheit zu bringen.

Zahlreiche Bücher mit Titeln wie »Siebenhundertsiebenundsiebzig Prinzipien für unermeßlichen Reichtum und Erfolg« oder »Die verborgenen Geheimnisse des alltäglichen Umgangs mit Tomatensoße« überschütten uns mit weisen Ratschlägen, wie und wo das Glück zu finden ist. Wenn Sie schon so etwas lesen müssen, dann lesen

Sie wenigstens den Höhepunkt der Trivialpsychologie »Sorge dich nicht, lebe!« von Dale Carnegie, denn dann muß ich mir wenigstens keine Sorge machen, daß Sie aus Versehen doch noch glücklich und zufrieden werden könnten.

Einige sind jedoch wirklich ernst zu nehmen und daher äußerst gefährlich. Es ist ein Häuflein von Lebensphilosophen wie Karl Vöckinger und Wissenschaftlern aus allen Wissensgebieten, zumeist Psychologen, Ärzten sowie Philosophen, Theologen und Physikern. Sie versuchen immer wieder, die menschliche Natur im Innersten zu verstehen, und entwickeln daraus Theorien, wie der Mensch am besten sein sollte, um zufrieden sein zu können. Dabei berücksichtigen sie Gott sei Dank nicht, wie der Mensch sein will: nämlich allmächtig, ruhmsüchtig und selbstgerecht. Solche Menschen nenne ich gerne die »Glücklichmacher«.

Einer ihrer Vordenker, Sigmund Freud (der Name spricht schon Bände), fand heraus, daß der Mensch nicht nur stammesgeschichtlich, sondern auch psychisch ein Tier ist, das heißt triebgesteuert. Das primäre Ziel des Menschen ist die Befriedigung folgender leiblicher Bedürfnisse und Triebe: essen, trinken und schlafen, sich entleeren und bewegen sowie Sex und Tod. Daß er daneben noch nach Macht, Geltung, Einfluß sowie Ruhm, Ehre und Erfolg strebt, hat damit zu tun, daß die Befriedigung der erstgenannten Triebe gesichert werden und er auch sonst seine Lebenszeit irgendwie totschlagen muß.

Neben diesen Bedürfnissen aber hat der Mensch noch etwas ganz Wunderbares, nämlich Angst. Die Angst, all das Lebensnotwendige nicht zu bekommen, die Angst vor Schmerzen und Tod, die Angst, zu scheitern und zu versagen, die Angst, nicht geliebt und anerkannt zu werden. Schlicht und ergreifend die Angst vor der Einsamkeit und dem Alleinsein.

Der Motor des Menschen sind seine Bedürfnisse und Ängste.

Statt diese Angst zu pflegen und zu entwickeln, verkünden die »Glücklichmacher«, daß aus dem Empfinden einer kooperativen Partnerschaft, dem Gefühl einer starken Zentrierung und persönlichen Ich-Stärke der wahre Motor resultiere, ein niemals sich entleerender Akku unserer menschlichen Existenz, der uns zu Höchstleistungen befähige. Sie behaupten, daß sich der Mensch nur in Beziehungen und im bewußten Tätigsein selbst erleben und verwirklichen könne. Erst das bewußte »In-Beziehung-treten« helfe, die eigenen und die fremden Grenzen wahrzunehmen und dadurch sich selbst als eigenständige Persönlichkeit und auch den anderen in seiner eigenen Ursprünglichkeit zu akzeptieren. Aus dieser Selbsterkenntnis erwachse ein Selbstbewußtsein, das es dem Menschen erst ermögliche, authentisch zu sein und dann die eigenen Potentiale als Teil in einer größeren Gemeinsamkeit zu entfalten.

Nehmen Sie sich in acht! Ich muß Sie ausdrücklich warnen! Sie sollten die Bücher dieser »Glücklichmacher« meiden wie der Teufel das Weihwasser. Wenn Sie sich auf diesen inneren Wachstumsprozeß einlassen, wird es Ihnen genauso ergehen wie einigen Menschen, die ich kenne. Sie konnten sich diesem positiven, lebensbejahenden Einfluß nicht mehr entziehen und leben heute in ausgeglichener und unerschütterlicher Heiterkeit mitten unter uns!

Hüten Sie sich und versuchen Sie, die Meisterschaft der

Unzufriedenheit frühzeitig zu erringen – dann werden Sie der Schönheit und Fülle des Lebens widerstehen können. Erst wenn Sie sich der Angst, daß Ihr Leben unsinnig und nutzlos sei, voll und ganz hingeben, werden Sie die Faszination des Gefühls von Unzufriedenheit und Freudlosigkeit erleben, das ein wundervoller Motor für Ihr Leben ist!

Warum ein Handbuch?

Ein Handbuch ist meist ein staubtrockenes dickes Nachschlagewerk, dessen besondere pädagogisch-didaktische Qualität in seiner einschläfernden Wirkung liegt. Als Wissenschaftler kommt mir das sehr entgegen, denn ich kenne natürlich alle Raffinessen, Wissen so staubtrocken zu verpacken, daß die Lektüre einen Asthma-Anfall verursacht, oder den größten Unsinn hinter so schwierigen Formulierungen zu verstecken, daß es auf keinen Fall jemand versteht. Aus Zitaten und Bildern der verschiedensten Wissensgebiete werde ich Ihnen einen heißen Eintopf kochen. Sollten Sie sich die Zunge verbrennen und gelegentlich empört stutzen, liegt das nicht etwa daran, daß ich die Dinge aus dem Zusammenhang gerissen habe, sondern daß Sie den eigentlichen Sinn noch immer nicht verstanden haben.

Sie haben ein Handbuch vor sich, damit Sie es in die Hand nehmen oder als Taschenbuch in die Tasche stecken – am besten in die Einkaufstasche – oder es als Kissenbuch unter das Kopfkissen legen, damit das Wissen in der Nacht in Ihr Hirn transfundiert. Meine Großmutter besann sich auf diese alte Technik, nachdem auch der beste Lateinnachhilfelehrer bei mir versagt hatte, und mit Erfolg spuken noch heute des Nachts die Toten des »Bellum Gallicum« in meinen Träumen herum, ebenso wie so manch anregende Transfusionen aus den erotischen Werken Catulls und Ovids. Meine Noten haben sich mit dieser Methode natürlich nicht verbessert.

Der Aufbau des Handbuchs

Als erstes erzähle ich Ihnen die wunderschöne Geschichte von Narkissos und Echo aus der griechischen Mythologie, die eigentlich hier, jetzt und überall spielt. Auf sie werden wir immer wieder zurückkommen. Dann muß ich Sie zu meinem großen Vergnügen mit einigen sperrigen, trockenen und schwierigen Gesetzen quälen, und anschließend werden wir, sollten Sie das überlebt haben, einen kleinen Ausflug in die Wahrnehmung der Wirklichkeit machen. Aufbauend auf diesen Grundlagen werden Sie dann in zwei Schritten lernen, wie Sie zunächst sich selbst unzufrieden machen können, und dann, wie Sie sich die Kunst der Co-Unzufriedenheit aneignen. Die Strukturen sind also komplex und vielfach verwoben, so daß Überschneidungen und Wiederholungen weder rein zufälliger Art noch von mir unbeabsichtigt oder ungewollt sind.

Die Techniken, die Sie hier erlernen, werden auch Sie zu kleinen Teufeln und Meistern der Unzufriedenheit und Freudlosigkeit machen. Sie funktionieren tadellos und zuverlässig, ich selbst habe sie in zahlreichen Experimenten für Sie ausprobiert.

Mit etwas Übung wird Ihre Unzufriedenheit Sie dann auf der Suche nach sich selbst rund um den Erdball treiben, ohne daß Sie auch nur ein einziges Molekül Ihres Selbst finden werden. Ja, ich verspreche Ihnen sogar, daß Sie es schaffen, auch noch das Letzte zu verlieren, das

Ihnen aus Versehen einen Funken Zufriedenheit bescheren könnte. Aber dafür werden Sie lernen, einen direkten Lustgewinn aus Ihrem Leid zu ziehen und bald darin Ihre Erfüllung finden.

Darüber hinaus werden Sie sich die Fertigkeit aneignen, auch andere Menschen zuverlässig verrückt zu machen und zum Wahnsinn zu treiben. Sie haben die Möglichkeit, gezielt Aggressionen, Wutausbrüche, Tobsuchtsanfälle und Selbstmorde auslösen, Sie können aber auch Ihre Partner, Eltern oder Kinder zu Psychopathen, Amokläufern und Serienmördern machen.

Sollten Sie mich und meine Ratschläge jedoch nicht ernst nehmen oder gar glauben, ich wolle das Gegenteil von dem erreichen, was ich Ihnen in den folgenden Kapiteln vorschlage, damit Sie zu einem zufriedenen Menschen werden, dann hätten Sie mich gänzlich mißverstanden. Ich schreibe dieses Buch nämlich ausschließlich, um an Ihrer Hilflosigkeit zu verdienen. Sobald Sie beginnen, sich beim Verlag über meine Ironie, meine zynische Arroganz und Unmenschlichkeit zu beschweren, dann werde auch ich endlich mein Ziel erreicht haben – die totale Unzufriedenheit.

Doch nun zur versprochenen Geschichte von Narkissos und Echo.

Narkissos und Echo

Einst lebte in Griechenland ein aufreizend schöner und höchst intelligenter Jüngling, Narkissos genannt, der war der Sohn der Leiriope und des Flußgottes Kephissos. Er trug sein Haupt hochmütig erhoben, war von herablassender Art und vom Typ Gel und Sonnenbrille im Haar. Je hochmütiger er wurde, um so mehr erregte er damit das Interesse aller Frauen und Männer, die um seine Aufmerksamkeit und Liebe buhlten. Allein durch sein Auftreten spaltete er die Herzen der Menschen. Väter warnten ihre Töchter eindringlich, doch Mütter wünschten sich sehnlichst Narkissos zum Schwiegersohn.

Auch ein äußerst schüchternes Mädchen, die Nymphe Echo, verliebte sich in ihn. Ihre Haut war wie von Elfenbein, ihr Haar wie aus Gold gesponnen und ihre Stimme vom Klang einer gläsernen Glocke. Doch sie trug ein schlimmes Geheimnis im Herzen: Einst hatte sie droben auf dem Olymp gelebt und sich in einer jugendlichen Schwärmerei für ihren Dienstherrn Zeus von diesem zu Lug und Trug anstiften lassen. Herr Juan Antonio Zeus war der oberste Vorsitzende des olympischen Komitees, der allerlei unlautere Geschäfte machte. Es flossen große Mengen an Bestechungsgeldern, und jedesmal, wenn Zeus mit einer seiner Sekretärinnen »eine ganz dringende Besprechung hatte«, mußte Echo derweil seine Frau Hera mit schönen Liedern und Worten becircen, bis er mit der »Besprechung« fertig war. Als Hera eines Tages dieses Betrugs gewahr wurde, verfluchte sie Echo als geschwätziges Flittchen und Hurentreiberin, so daß dieser die Worte vor Scham im Halse stecken blieben. Ihr Selbstbewußtsein verkümmerte unter dem glühenden Haß Heras, und sie konnte seither nur noch Worte wiederholen, die ein anderer ihr vorsprach.

Als Narkissos wieder einmal die anderen Jungs seiner Clique in den kleinen Gassen Athens suchte, rief er: »Ist jemand hier?« Da antwortete Echo verschämt: »Hiiier«. »Komm her«, forderte er sie auf. »Komm her«, erwiderte sie und kam aus ihrem Versteck.

»Du bist recht schön«, meinte er und musterte sie von

Kopf bis Fuß. »*Schön*«, strahlte sie ihn an, *und ihre Augen blitzten. Als sie auf ihn zuging, wich er zurück und umgekehrt. Dieses Spiel erregte sie sehr, bis sie schließlich zusammenkamen, und sie trafen sich fürderhin über einen längeren Zeitraum, um sich an den Höhepunkten ihres körperlichen Daseins zu ergötzen, aber natürlich nur bei ausgeschaltetem Licht. Bei diesen Gelegenheiten fragte Narkissos sie jedesmal:* »*Bin ich gut?*« »*Gut*«, *antwortete sie, worauf er sich befriedigt zur Seite drehte und einschlief.*

Nach einiger Zeit löste sich ihre Zunge, und es gelang ihr, auf seine Frage zurückzufragen »*Bin ich gut?*«, *worauf er irritiert reagierte:* »*Nein, nicht, ob du gut bist, sondern ob ich gut bin, gefall ich dir?*« – »*Dir?*« *fragte sie erstaunt. Wütend erwiderte er:* »*Nein dir, frag nicht so dumm!*«, *worauf sie gekränkt sagte:* »*Dumm!*«

Narkissos war empört, so etwas Gemeines hatte noch nie jemand zu ihm gesagt. Er verlor seine guten Manieren und ließ Echo mit der Bemerkung zurück: »*Du bist dumm, häßlich und fett! Ich werde nie mehr mit dir das Lager teilen.*« *Als er fortlief, rief sie ihm flehend nach:* »*Mit dir das Lager teilen!*«

Zutiefst verzweifelt, verletzt und voller Liebeskummer zog sie sich in eine Höhle zurück. Sie aß nichts mehr, ihr Blut erkaltete, und jammernd verzehrte sie sich vor Schmerz, bis allein ihre Stimme übrig blieb, die heute noch aus den Höhlen hallt.

C'est la vie.

Er hingegen trieb es weiterhin recht bunt. Einem lästigen Verehrer namens Ameinios drückte er zynisch eine .45er Magnum in die Hand, mit der sich dieser auch glatt erschoß.

Als Narkissos wieder einmal über einem klaren Weiher kniete, um seine Schönheit zu bewundern und sich sein

Haar zu gelen, entbrannte er in heißer Liebe zu seinem lächelnden Spiegelbild. Er betrachtete sich lange, und er wurde dessen gewahr, daß niemand ihn jemals so bedingungslos lieben würde wie er selbst. Und so vergaß er vor lauter Entzücken über sich selbst, zu trinken und zu essen. Da starb er in einem seligen Liebesrausch, und nach seinem Tode fand man an dieser Stelle nur noch eine Tube Haargel, eine Sonnenbrille und eine weiße Narzisse.

Dieses literarische »Highlight« der Unzufriedenheit finden wir in unterschiedlichen Ausgestaltungen in der griechischen Mythologie und den Metamorphosen Ovids. Die Geschichte ist ein großartiges Beispiel dafür, wie erfolgreich Selbstgerechtigkeit, Hochmut und Betrügerei, Ich-Schwäche und Minderwertigkeitsgefühle zur Zerstörung einer Beziehung und zur Unzufriedenheit beitragen, ja, wie sie sogar über einen langen leidvollen Weg zum Tode in Erstarrung führen.

Finden Sie es traurig, wie kläglich die arme Nymphe Echo sterben mußte? Und verspüren Sie Wut über das miese Verhalten von Narkissos, oder haben Sie gar Mitleid mit ihm? Ich hoffe nicht! Sie glauben ja gar nicht, wieviel Spaß es macht, von allen begehrt zu werden und jeden ablehnen zu können, und wie großartig es ist, vor aller Augen den langen Weg eines leidvollen Martyriums zu beschreiten. Tatsächlich ist Echo keinen Deut besser als Narkissos. Die beiden sind das Yin und Yang der Selbstzerstörung, Komplementäre, die zusammenpassen wie Schlüssel und Schlüsselloch und aus deren Verbindung sich eine ungeheuer destruktive, geradezu dämonische Kraft entwickelt, die ihnen ein überwältigendes Lustgefühl bereitet.

Wie ist es möglich, daß sich nicht nur Echo von Narkissos in den Tod treiben läßt, sondern daß er sich auf geniale

Weise auch noch selbst umbringt, ohne es zu bemerken? Warum haben sich Narkissos und Echo nicht gegen den Tod aufgebäumt? Welche Lust hatten sie am Leiden und Sterben?

Nun, der Tod von Echo und Nakissos ist nur eine Metapher. Tatsächlich sind die beiden gar nicht gestorben, sondern leben millionenfach als Untote unter uns. Paradoxerweise besteht nämlich die größte Unzufriedenheit in einem Zustand des »Untodes«.

Wir unterscheiden gemeinhin nur, ob jemand lebt oder tot ist. Darüber hinaus gibt es aber noch die Untoten, die zwar körperlich leben, dabei aber nicht lebendig sind, sondern seelisch und gefühlsmäßig längst tot und von einer großen inneren Leere erfüllt. Freunde des Horrorfilms wissen, daß es sich dabei um Zombies handelt.

Die nun folgenden zwölf Gesetze der Unzufriedenheit zielen im wesentlichen darauf ab, diesen Zombiezustand der inneren Leere zu erlangen.

Die 12 Gesetze der Unzufriedenheit

Mit Gesetzen setzt sich der Mensch quasi Eckpunkte, die die Grenzen eines Raumes markieren. Innerhalb dieser Grenzen kann er sich frei und ungezwungen bewegen, darf sie aber nicht überschreiten.

Gesetzestexte sind wie Marterpfähle, denn ehe Sie sich's versehen, sind Ihnen schon die Hände gebunden, und die Tomahawks abstrakter Leitsätze und Verallgemeinerungen umschwirren Sie, daß Ihnen Hören und Sehen vergeht. Verzweifeln Sie darüber nicht. Bemühen Sie sich nicht, die Gesetze zu verstehen, sondern versuchen Sie, einfach Spaß am Lesen und Leiden zu haben.

Gesetze definieren Rechte und Pflichten. Wenn es um Pflichten geht, eignen sich Gesetze in hervorragendem Maße dazu, übertreten und mißachtet zu werden, und generell ist es dann empfehlenswert, Gesetze ebenso wie Prinzipien und Werte ersatzlos zu streichen oder sie durch eine prinzipielle Prinzipienlosigkeit zu ersetzen. Geht es hingegen um Ihre Rechte, so empfehle ich Ihnen, auf das Gesetz zu pochen. Zwar mag der Volksmund sagen, Dummheit schütze vor Strafe nicht, und Unkenntnis befreie nicht von Verantwortung. Die Gesetze der Unzufriedenheit jedoch befreien Sie von den Fesseln jeglicher Pflichten und statten Sie zugleich mit allen Rechten bedingungsloser Freiheit aus.

1. Das Gesetz des sinnlosen Leids

§ 1 Der Mensch hat ein Recht auf Unzufriedenheit.
§ 2 Unzufriedenheit findet sich im universellen Leid und
     dem Gefühl der Leere und Sinnlosigkeit.

Das Leid existiert überall im verborgenen, und jeder
Mensch hat ein Recht darauf. Doch wie können Sie es finden?

Gautama Siddharta, genannt Buddha, postulierte die
»Vier edlen Wahrheiten«, von denen uns hier nur die ersten zwei interessieren:

- Leiden bestimmt die irdische Existenz und wird durch
  Leere und das *Gefühl der Sinnlosigkeit* erzeugt.
- Leid wird durch *Unwissenheit* sowie den Durst nach
  Lust, nach *Werden*, nach *Dasein* und nach *Vergänglich-
  keit* verursacht.

Damit wir uns so richtig leer fühlen können, müssen wir
drei Voraussetzungen erfüllen:

- Wir müssen verlieren, was wir lieben.
- Wir müssen erleiden, was wir hassen, und hassen, was
  wir erleiden.
- Wir dürfen nicht bekommen, was wir begehren.

Stellen Sie sich einfach vor, Sie sitzen im Hochsommer neben einer Eisbude mit einem schönen großen Eis in der
Hand. Sie haben dreimal geleckt, da fällt Ihnen das wundervolle Eis aus der Waffel auf den Boden. Was für ein
Jammer! Zuerst ärgern Sie sich über Ihre linkische Tolpat-
schigkeit, dann entschließen Sie sich, ein neues Eis zu kaufen, stellen aber fest, daß Sie kein Geld mehr haben. – Da-

mit haben Sie verloren, was Sie so gern genossen hätten, bekommen nicht, was Sie heiß ersehnen und hassen sich selbst für Ihre Fehlbarkeit. Mit etwas Genialität schaffen Sie es also, alle drei Bedingungen für das Erzeugen der Leere auf einen Streich zu erfüllen.

Doch was hat das Gefühl der Leere und Sinnlosigkeit mit diesem unstillbaren Durst nach Lust, Dasein, Werden und Vergänglichkeit zu tun, der das Leiden verursacht?

Weil der kleine Mensch das Gefühl hat, in der großen weiten Welt nichts zu sein oder weniger als andere zu haben, fühlt er sich innerlich leer und will das große leere Loch mit irgend etwas füllen. Am besten mit Sinn, damit das Leben sinn-*voll* wird. Aber keiner weiß, was dieser ominöse Sinn ist. Etwa Sie?

Arthur Schopenhauer, ein genialer und äußerst pessimistischer Existentialphilosoph, zeigt uns, wie sinn-*los* das Leben tatsächlich ist. Er ging davon aus, daß sowohl die Welt als auch die Geschichte keinerlei Sinn hätten. Schließen Sie sich seiner Auffassung ruhig an, denn schließlich pflichtete ihm kein geringerer als Jean-Paul Sartre bei, der für die Erkenntnis der reinen Zufälligkeit des Universums nur noch den schmackhaften Begriff »Ekel« übrig hatte.

Martin Heidegger, auch er seines Zeichens Existentialphilosoph, schreibt in der für ihn so charakteristischen und breiten Leserkreisen zugänglichen Leichtigkeit, daß die Grundverfassung des menschlichen Daseins, das »In-der-Welt-Sein«, durch »Sorge« und »Angst« geprägt sei. Der Mensch befinde sich in einer völlig unverständlichen und gleichgültigen Welt. Indirekt finden wir bei ihm in Analogie zu den vier edlen Weisheiten Buddhas die vier wunderbaren Empfehlungen,

- nicht bei sich selbst zu sein, sondern
- der Alltagswelt,
- der Routine und
- der Oberflächlichkeit der anonymen Masse zu verfallen.

Zusammenfassend läßt sich sagen: Zur Unzufriedenheit braucht der Mensch das Gefühl der inneren Leere sowie die Gewißheit der Sinnlosigkeit. Halten Sie also Ihre Augen offen, und nutzen Sie jede Gelegenheit, um Ihre innere Leere und die Sinnlosigkeit Ihres Daseins zu empfinden, dann werden Sie sich bald genauso ekeln können wie Sartre und mit Sicherheit Ihr wohlverdientes Leid auch bekommen.

2. Das Gesetz der Beziehungslosigkeit und ewigen Suche

§ 1 Sinnlosigkeit beweist sich in vergeblicher Suche. Deshalb soll der Mensch ewig vergeblich suchen, um gewiß sein zu können, daß kein Sinn existiert.

§ 2 Sinnlosigkeit resultiert aus Beziehungslosigkeit und Unverbundenheit. Deshalb soll der Mensch jede Beziehung zu anderen und sich meiden.

Eine langfristig zermürbende Unzufriedenheit erreichen Sie, indem Sie sich ganz alleine auf die Suche begeben, ohne jemals etwas zu finden. Wir hatten schon gesagt, daß der Mensch nach dem Sinn sucht, aber gar nicht weiß, was der Sinn eigentlich ist. Verraten Sie es nicht weiter – aber ohne es zu wissen sucht er mit Leidenschaft das Gefühl, Teil einer Gemeinschaft, eines größeren Ganzen, einer göttlichen allumfassenden Liebe zu sein, er strebt nach Geborgenheit und Urvertrauen. Der Grund dafür ist seine

Angst vor dem Alleinsein und der Einsamkeit. Es ist die Angst vor der Gewißheit, daß die Welt ein riesiges Chaos sei, in das er mehr oder weniger zufällig hineingeplumpst und in dem er ganz und gar auf sich allein gestellt ist. Und das wäre doch schrecklich traurig, nicht wahr?

Daraus ergibt sich für uns die Konsequenz, jede Beziehung, ob zu einem anderen Lebewesen, zur Natur oder zu Gott, zu meiden. Denn jede Beziehung birgt die Gefahr der Erfüllung, also der Füllung der inneren Leere in sich, sobald der Mensch erfährt, daß seine Wünsche und Ängste mitfühlend (empathisch) wahrgenommen und berücksichtigt werden und er das umgekehrt ebenso erlebt. In der Beziehung kann der Mensch im Austausch von Geben und Nehmen, von Schenken und Beschenktwerden, in der aufrichtigen Empathie das beglückende Gefühl der Gemeinsamkeit erleben. Ist Ihnen klar, daß in jeder Beziehung das Damoklesschwert der Zufriedenheit über Ihnen hängt?

Nur das Gefühl der beziehungslosen Einsamkeit erzeugt die angemessene Verzweiflung, um panisch nach Ersatzbefriedigungen zu suchen oder in den Abgrund zu springen.

3. Das Gesetz des kontrollierten Urvertrauens

§ 1 Der Mensch soll niemandem vertrauen, am wenigsten sich selbst.

§ 2 Der Mensch soll nichts glauben, was nicht bewiesen werden kann.

Vertrauen Sie nur dem, was absolut sicher und zuverlässig ist. Warum? Sie haben soeben erfahren, daß die ideale Ausgangsposition für die Unzufriedenheit die Beziehungslosigkeit ist, doch diese ist in der Realität häufig nicht zu erreichen. Daher besteht in einem solchen Fall der angestrebte Realzustand darin, Beziehungen so zu gestalten, daß sie weitestgehend nur scheinbar existieren.

Vertrauen hieße beispielsweise, jemandem die schönste Puppe oder das tollste Feuerwehrauto der Welt zu leihen oder ohne Ehevertrag zu heiraten. Vertrauen würde den Verzicht auf einen verläßlichen, objektiven Beweis zu Gunsten eines hoffnungs*vollen* Glaubens bedeuten. Vertrauen würde bedeuten, zu geben, ohne die Gewißheit zu wollen, etwas zurückzubekommen.

Wer das glaubt, wird selig, und wer das will, muß unter irgendeiner Form des Irrsinns leiden. Sein Platz auf Wolke sieben ist schon reserviert. Denn die Menschen sind schlecht, der »liebe« Gott, sollte er aus unerfindlichen Gründen doch existieren, ist ein strafender Gott, und auch die Sonne scheint nicht, um uns einen Gefallen zu tun. Was Sie tatsächlich brauchen, ist Mißtrauen und Skepsis!

Wenn Sie Wissenschaftler sind und mit Spiritualität nichts am Hut haben, kann Ihnen das eine große Hilfe sein. Glauben Sie nichts, was nicht bewiesen werden kann! Aber auch das Beweisbare sollte unter der Last Ihres nagenden Zweifels in die Knie gehen. Sollten Sie hingegen Gewissenschaftler sein, den Blick auf das Transzendente richtend, stehen Sie vor einer Sisyphusaufgabe, die Sie mächtig ins Schwitzen bringen wird. Nur mit übermenschlicher Anstrengung und Gigantenkräften werden Sie den Stein des Mißtrauens auf den Berg rollen können, aber nur unter der Bedingung, daß Sie sich des Zaubertricks der Logik bedienen.

Eine ausgefeilte Logik wird Ihnen das Gefühl bescheren, alles genau kontrollieren und überprüfen zu können. Das Geheimnis liegt in der sogenannten deduktiven (ableitenden) Beweisführung. In einem gewissen Sinn enthalten nämlich die Voraussetzungen (Prämissen) eines gültigen Beweises schon den Schluß, und die Richtigkeit dieses Beweisschlusses wird mit Gewißheit aus der Richtigkeit der Prämissen gefolgert.

Lassen Sie uns einen überzeugend logischen Beweis führen:

1. Vertrauen ist bedingungsloses Geben.
2. Alles, was ist, ist Ding. Nichts ist, was nicht Ding ist.
3. Kein Ding ist ohne Bedingung.
4. Daher ist Vertrauen nichts.

Sie sehen, die Logik ist eine Schatzkammer der Unglückseligkeiten, denn sie beschert Ihnen nicht nur das Gefühl, alles genau kontrollieren und überprüfen zu können, sondern mit absoluter Sicherheit auch das Unglück der Erkenntnis, daß Sie nichts und niemandem vertrauen können.

Und weil der deduktive Schluß unseres Gesetzes lautet: »Vertrauen ist nichts«, sollten Sie in Zukunft prinzipiell mit ungläubiger Skepsis und voller Mißtrauen an alle Sachen herangehen.

4. Das Gesetz der perfekten Zukunft

§ 1 Der Mensch soll die Gegenwart meiden, weil nur die Vergangenheit vollkommen [perfekt] ist.

§ 2 Der Mensch soll die Gegenwart meiden, weil nur die Zukunft Aussicht auf Vollkommenheit bietet.

Die Befolgung des Gesetzes der perfekten Zukunft führt dazu, daß Sie sich mit Hilfe des Nachsinnens über die perfekte Vergangenheit und die Vorherbestimmung einer vollkommenen Zukunft mit der Gegenwart überhaupt nicht mehr herumzuschlagen brauchen.

Wie wir inzwischen wissen, soll der Mensch jede Beziehung vermeiden. Beziehungen beschränken sich aber nicht auf menschliche Kontakte, sondern umfassen jede Form von Interaktion oder Kontaktaufnahme mit einem Gegenüber in der Gegenwart. Diese Interaktion findet statt, indem der Mensch als Subjekt mit einem anderen Subjekt in Beziehung tritt. Dieses andere Subjekt ist aus der Sicht des ersten Subjekts ein Objekt, denn das aus dem Lateinischen entlehnte Wort »Objekt« bedeutet das »Entgegengestellte«, das »Entgegengeworfene« oder auch einfach »Gegenstand«.

Darüber hinaus ist das »In-Beziehung-treten« immer an die Gegenwart geknüpft. Um das zu verstehen, müssen wir etwas tiefer in die Sprache eindringen. Das Wort »Gegenwart« enthält im Wortteil »wart« die Bedeutung »Ausschau halten«, etwas (einem Objekt) »entgegensehen«, aber auch »etwas pflegen« und »auf etwas achthaben«. Im Wortteil »gegen« verbergen sich die Worte »begegnen« oder »treffen«, aber auch »entgegnen, erwidern, antworten«, was natürlich eine Beziehung zu einem Objekt voraussetzt. Das abgeleitete Wort »vergegenwärtigen« heißt, sich »etwas vorstellen« (vor sich stellen), womit der Bogen zum Objekt (dem Entgegengestellten) geschlagen ist.

Die Beschäftigung mit der Vergangenheit und der Zukunft verschafft Ihnen also einen gebührenden Sicherheitsabstand, während Ihnen die Gegenwart ständig festen Blickes wie ein Torhüter beim Elfmeter gegenübersteht. Zu schießen bedeutet, möglicherweise zu gewinnen oder zu verlieren, Erfolg zu haben oder zu scheitern, nicht zu schießen hingegen, daß Sie bösen Ärger mit Ihrem Trainer bekommen. Und sollte der Trainer Ihrer Mannschaft zufällig der liebe Gott sein, na, dann machen Sie sich schon einmal auf eine Abreibung gefaßt! Der mag es nämlich gar nicht, daß Sie so intensiv auf das große Lebensspiel vorbereitet werden, aber dann die Verantwortung nicht übernehmen wollen. – Für den angestrebten Weg zur Hölle hingegen ist es natürlich sehr empfehlenswert.

Übernehmen Sie die Lebensdevise »Meine Zeit ist noch lange nicht gekommen«. Sie hilft Ihnen, weder jemals tätig werden noch Verantwortung tragen zu müssen. Auf diese Weise wird das Leben zu einem überreifen Camembert. Mit der nie endenden Überzeugung »Die Zeit ist noch nicht reif« wird Ihnen dann das Leben bald so sehr stinken, daß Sie sich selbst nicht mehr riechen können.

Zum Gesetz der perfekten Zukunft gibt uns Seneca, ein stoischer Bock aus dem alten Rom, in einem Brief an einen gewissen Lucilius eine recht treffende Handlungsanweisung, die ich allerdings kommentieren muß, weil sie häufig mißverstanden wird:

Befreie Dich für Dich selbst und sammle und bewahre die Zeit, die Dir bisher entweder geraubt oder heimlich entwendet wurde [von einer geheimen unbekannten Macht?] *oder entschlüpfte* [die Zeit ist ein Springinsfeld mit jugendlichem Leichtsinn, der ab und zu eine ordentliche Tracht Prügel verdient]. *Überzeuge Dich, daß es so ist, wie ich schreibe: manche Augenblicke werden uns entrissen, manche entzogen, manche verrinnen* [wunderbar, Sie haben keinerlei Verantwortung]. *Der beschämendste Verlust jedoch ist der, der durch Nachlässigkeit verursacht wird. Und wenn Du aufmerken willst: ein großer Teil des Lebens entgleitet den Menschen, wenn sie Schlechtes tun, der größte Teil, wenn sie nichts tun, das ganze Leben, wenn sie Nebensächliches tun* [tun Sie also nichts Schlech-

tes nebensächlich, sondern mit größter Aufmerksamkeit].
Wen kannst Du mir nennen, der irgendeinen Wert der Zeit beimißt, der jeden Tag würdigt, der sich selbst bewußt wird, daß er täglich stirbt [gut einprägen! das ist Ihr Lernziel]. *Darin nämlich täuschen wir uns, daß wir den Tod vor uns sehen: ein großer Teil ist bereits vorüber; jeden Lebensabschnitt, der hinter uns liegt, hat der Tod in seiner Gewalt* [wenn der Tod schon nicht mehr mit seinem ganzen Schrecken vor uns liegt, so sollten Sie zumindest schon heute damit beginnen, die sich in seiner Gewalt befindenden Lebensanteile laut zu beklagen]. *Handle daher, mein Lucilius, so wie Du schreibst, halte alle Stunden fest* [so fest wie möglich und mit beiden Händen]; *so wird es geschehen, daß Du weniger vom morgigen Tag abhängig bist, wenn Du den heutigen in die Hand nimmst. Während das Leben aufgeschoben wird, eilt es vorbei.*

Welch ein herrlich unlogischer Schluß! Logisch wäre doch vielmehr: Je stärker Sie alle Stunden festhalten, um so weniger Hände haben Sie frei, nachfolgende Augenblicke er*greifen* zu können.

Was lernen Sie daraus? Perfekt und hundertprozentig sicher ist nur der Tod. Aber aufgeschoben ist nicht aufgehoben, und die Option eines noch auf Sie wartenden zukünftigen Leides, das Sie bereits in der Vergangenheit einmal qualvoll erlitten haben, ist viel wirkungsvoller als ein momentanes und nur gegenwärtiges Leid. Während der Volksmund spricht: »Vorfreude ist die schönste Freude«, gilt für Sie: »Vorleid ist das schönste Leid.«

5. Das Gesetz der absoluten Relativität

§ 1 Es gibt keine absolute Wahrheit.
Alles ist relativ.

§ 2 Der Mensch soll immer mit zweierlei Maß
messen.

Stellen Sie sich vor, Sie säßen auf einem Baum und sähen von oben zu, wie der Ast, den Sie gerade abgesägt haben, unter Ihnen zu Boden kracht. Das geht nicht? Richtig, wie wir schon in den Gesetzen des kontrollierten Vertrauens und der perfekten Zukunft gesehen haben, ist es fast unmöglich, nicht in irgendwelchen Beziehungen zu stehen und ihren Regeln nicht zu gehorchen – außer Sie befolgen unsere zwölf Gesetze der Unzufriedenheit.

Das Gesetz der absoluten Relativität besagt: Wenn nichts absolut (los-gelöst) ist, dann ist alles relativ (in Beziehung stehend). Da aber das Relative immer mit einer Subjekt-Objekt-Beziehung verbunden ist, gibt es keine verbindlichen und objektivierbaren Wahrheiten mehr, sondern nur subjektive Sichtweisen. Das ist eine unschätzbar wertvolle Erkenntnis. Es entsteht die große Beliebigkeit, die es uns erlaubt, zu machen und zu tun, was wir wollen, und es so zu begründen, wie es uns gerade in den Kram paßt.

Dieses Gesetz ist als Prämisse für die folgenden Gesetze der entschiedenen Entscheidungslosigkeit, der verbindlichen Unverbindlichkeit, der eindeutigen Zweideutigkeit und der fordernden Ablehnung zu verstehen.

6. Das Gesetz der entschiedenen Entscheidungslosigkeit

§ 1 Der Mensch muß mit Entschiedenheit Entscheidungen vermeiden.

Die subjektive Beliebigkeit führt uns zu dem Punkt einer entschiedenen Entscheidung: Jede Entscheidung ist eine Spannungsminderung und führt zu innerer Ruhe. Mit Ausnahme einer einzigen Entscheidung, die Sie zuverlässig unzufrieden macht, nämlich derjenigen, mit Entschiedenheit jede Entscheidung zu vermeiden.

Jean-Paul Sartre schrieb, die »Angst« folge aus der Erkenntnis der »vollkommenen Freiheit der Wahl«, mit der sich der Mensch in jedem Moment auseinandersetzen müsse. Damit haben wir ein ganz ausgezeichnetes Instrument der Unzufriedenheit in der Hand – die Qual der Wahl!

Richtig angewandt beginnt die Qual am Morgen beim Klingeln des Weckers mit der Frage, ob Sie aufstehen sollen oder lieber liegenbleiben, mit den Entscheidungen, was Sie anziehen und ob Sie Tee oder Kaffee trinken. Jede Entweder-Oder-Entscheidung des Tages kann Ihre Qual maximieren, die im Höhepunkt der Auswahl des abendlichen Fernsehprogramms kulminiert, dem Versuch, eine goldene Stecknadel im allabendlichen Unterhaltungsmisthaufen zu finden.

Sartres Freund Albert Camus fand ein dubioses Rezept gegen die Qual der Wahl. In »Der Mythos von Sisyphos« überwindet Sisyphos sein absurdes Schicksal, auf Befehl der Götter einen herabrollenden Felsen immer wieder aufs neue auf einen Berg rollen zu müssen – also keine Wahl zu haben, – dadurch, daß er sich fügt und es einfach verachtet. Er fühlt sich auf diese Weise seinem Schicksal überlegen.

Suchen Sie also nach tausend Möglichkeiten, aber entscheiden Sie sich für keine. Dann müssen Sie eine Entscheidung im nachhinein niemals mit Entschiedenheit vertreten, niemals verantworten und niemals bereuen. Dadurch werden Sie nie einen Fehler machen, nie scheitern und nie versagen.

Nur sterben müssen Sie leider trotzdem.

7. Das Gesetz der verbindlichen Unverbindlichkeit

§ 1 Der Mensch soll verbindlich unverbindlich sein.

Sie wissen nun bereits, wie Sie Entscheidungen entgehen können. Ist aber ein Entscheidungsprozeß unvermeidbar, weil Sie bereits zu einem Menschen oder einem Gegenstand in Beziehung treten mußten, so fordert nun das Gesetz der verbindlichen Unverbindlichkeit, daß Sie zwar eine Beziehung in Aussicht stellen, sich aber niemals wirklich darauf einlassen.

Es ist so, als würden Sie einem Kunden ein Angebot über ein gar nicht existierendes Produkt machen. Dann verschieben Sie den Liefertermin immer wieder und halten den verärgerten Kunden hin, indem Sie ihm stets neue Versprechungen ins Ohr flüstern. Ein vergleichbares Modell finden Sie bei Heiratsschwindlern.

Wie läßt sich Unverbindlichkeit im großen Stile umsetzen? Betrachten Sie das Leben als Edelbordell. Geld regiert die Welt. Behandeln Sie alle Menschen wie Prostituierte – freundlich, aber unverbindlich. Zahlen Sie für das, was Sie haben wollen. Damit ist Ihr Geschäft erledigt, und Sie haben keinerlei Verpflichtungen mehr. In einer Welt, in der nicht nur Sex, sondern auch Zärtlichkeit, Liebe und

Freundschaft längst zur Ware geworden sind, gibt es keinen vernünftigen Grund mehr, daß Sie sich noch um die Gefühle oder Bedürfnisse Ihrer sogenannten Freunde kümmern sollten. Deren einziges Ziel besteht doch darin, Sie auszusaugen und Ihnen Ihre Zeit zu stehlen. Aber Zeit ist Geld! Und Geld benötigen Sie dringend, um sich Liebe zu kaufen. Wenn also jemand saugt, sollten Sie das sein!

Wie Sie sich erinnern, besteht der Mensch, also Sie, eigentlich nur aus Ängsten und Bedürfnissen. Wenn Sie der hohen Kunst gerecht werden, Ihre Bedürfnisse zu befriedigen, ohne irgendwelche Verpflichtungen einzugehen, verbleibt lediglich das Destillat Ihrer Ängste. Und das ist nicht mit Geld aufzuwiegen, sondern höchstens mit Vertrauen auszuschalten, und das haben Sie hoffentlich inzwischen erfolgreich eliminiert.

8. Das Gesetz der eindeutigen Zweideutigkeit

§ 1 Alle Dinge sind je nach Betrachtungsweise mehrdeutig.

§ 2 Der Mensch hat die eindeutige Pflicht zur Zweideutigkeit.

Wie wir bereits wissen, erscheint jedem Subjekt ein fremdes Subjekt als Objekt. Da ein solches Objekt von mehreren Subjekten nie ganz gleich wahrgenommen werden kann, gibt es keine verbindliche Objektivität und damit auch keine Eindeutigkeit. Deshalb besagt das Gesetz der eindeutigen Zweideutigkeit, daß alles mehrere Bedeutungen haben kann und indirekt, daß nur eins klipp und klar ist: Es gibt keine Klarheit.

Gemeinhin wird versucht, zwischen subjektiven Auffassungen einen gemeinsamen Konsens oder Kompromiß zu erzielen. Dieser Kompromiß sollte entweder zu Ihren Gunsten ausfallen, oder Sie sollten ihn ganz vermeiden.

Nutzen Sie dieses Gesetz, um ständig zweideutige Aussagen zu machen. Lassen Sie alles im nicht definierten Raum des Unklaren stehen, und beziehen Sie mehrere Positionen gleichzeitig. Je tiefer das Dickicht der Unklarheit ist, um so größer ist Ihre Erfolgschance auf Unzufriedenheit und Zerrissenheit. Ihr Ziel muß es sein, sich und Ihre Umwelt durch Ihr zweideutiges, launenhaftes und unvorhersehbares Handeln so kräftig zu verunsichern, daß Sie selbst nicht mehr wissen, wer Sie eigentlich sind. Verstricken Sie sich in einer profunden Widersprüchlichkeit, damit Ihnen jeder Fluchtweg aus dem Dschungel Ihrer verschrobenen Wahrnehmungen versperrt bleibt. Das wird Ihnen mit Hilfe einer physikalischen Methode gelingen, der Kernspaltung.

Spalten Sie Ihren innersten Wesenskern, indem Sie Teile Ihrer Persönlichkeit verleugnen. Verdrängen Sie die Schattenseite Ihrer Psyche. Leugnen Sie alle negativen Gefühle. Seien Sie der Überzeugung, daß Wut und Ärger ausschließlich destruktiv sind und Ihnen nicht zustehen. Bewerten Sie gelegentliche Haßgefühle gegen geliebte Menschen als Zeichen Ihrer verwerflichen Gesinnung und verrotteten Schlechtigkeit. Hassen Sie den Haß! Das ist mindestens so absurd wie niemals nie zu sagen und führt mit gleicher Effektivität zur Ausweglosigkeit.

Die Physik hält weitere wichtige Erkenntnisse für Sie bereit. Kommen Sie zu der Einsicht, daß Sie mit Hilfe des zweiten Hauptsatzes der Thermodynamik dem Gesetz der eindeutigen Zweideutigkeit dienen können. Er besagt, daß die Entropie, also die Unordnung, eines abgeschlossenen Systems nie abnehmen kann, sondern so lange zunimmt, bis ein Zustand maximaler Unordnung erreicht ist. Dasselbe gilt für Sie. Versuchen Sie, innerhalb Ihres Beziehungsystems den Zustand größter Unordnung zu erreichen, indem Sie mit permanenter Zweideutigkeit ein emotionales Chaos produzieren. Wenn Sie erst einmal die maximale Unordnung in Ihrem psychischen Gleichgewicht und dem Ihrer Mitmenschen geschaffen haben, haben Sie für alle den Zustand der Unzufriedenheit erreicht.

9. Das Gesetz der fordernden Ablehnung

§ 1 Der Mensch soll alles für selbstverständlich halten und niemals dankbar sein.
§ 2 Der Mensch soll alles fordern und zugleich ablehnen.
§ 3 Der Mensch soll immer nehmen, aber niemals geben.

In diesem Gesetz geht es um die Kunst, den Kühlschrank zu füllen, aber vor vollem Kühlschrank zu verhungern.

Die Gesetze drei bis acht hatten zum Inhalt, das In-Beziehung-Treten des Menschen erfolgreich zu verhindern oder seine bereits existierenden Beziehungen zum Erliegen zu bringen. Haben Sie diese Gesetze der Beziehungsvermeidung mißachtet oder nur unzureichend umsetzen können, so ist das Gesetz der fordernden Ablehnung ein Notanker, mit dem Sie jede Beziehung gezielt zerstören können. Darüber hinaus ist es bei erfolgreicher Umsetzung ein Katapult, das Sie direkt in die Beziehungslosigkeit der Gesetze zehn bis zwölf schleudert.

Das Gesetz der fordernden Ablehnung stellt drei Forderungen auf, um die zweite Voraussetzung des Leidens, nämlich »zu erleiden, was wir hassen, und zu hassen, was wir erleiden« zu erfüllen.

Gehen Sie davon aus, daß Ihnen *alles* selbstverständlich zusteht. Diese prinzipielle Einstellung ist notwendig, damit Sie niemals dankbar sein müssen. Herzliche Dankbarkeit ist ein Beziehungskiller-Killer.

Indem Sie immer dann etwas fordern, wenn die Erfüllung aller Voraussicht nach gerade unmöglich ist, können Sie die Situation, das Leben, den anderen oder sich selbst hassen, weil Sie in dieser Situation leiden müssen. Stellen Sie sich vor, wie ein Kind seine Mutter haßt, wenn es an der Ladenkasse den ersehnten Lutscher nicht bekommt, oder wie sehr siebzigtausend Fans einen Schiedsrichter hassen, der zu Recht ihren Lieblingstorjäger vom Platz stellt, wodurch das Weltmeisterschaftsendspiel verloren wird. In die gleiche Kategorie gehört es, bei Dauerregen sofortigen Sonnenschein zu fordern.

Andererseits müssen Sie immer dann etwas ablehnen, wenn es Ihnen angeboten wird oder sich gerade anbietet. Schlagen Sie beispielsweise das einmalige Karriereangebot Ihrer Firma aus Enttäuschung über eine frühere Zurückstellung (als Sie die Qualifikationen noch nicht besaßen) jetzt aus Prinzip aus. Das gleiche gilt für Geschenke jeder Art, was Freundschaft, Liebe und Zuneigung ebenso wie besondere Begabungen und Fähigkeiten einschließt. Freuen Sie sich nicht, sondern betrachten Sie all das als Selbstverständlichkeit, oder weisen Sie das Geschenk zurück. Die Worte Dankbarkeit und Demut werden aus Ihrem Vokabular gestrichen. Wenn Sie erleben, daß Sie nicht immer bekommen, was Ihnen schon aus Prinzip zusteht, nämlich *alles*, dann nehmen Sie es sich statt dessen einfach. Sie glauben gar nicht, welche ungeahnten negativen Energien Sie bei Ihren Mitmenschen oder auch bei der Natur auslösen können. Es ist phantastisch: eine Welle von Haß und Ablehnung wird Ihnen entgegenschlagen.

Also, erst wenn Sie sich alles nehmen, aber jedes Angebot oder Geschenk mit Entschiedenheit ablehnen, brüskieren Sie die Menschen und die Schöpfung durch Ihren Undank. Hier schließt sich der Kreis zum Gesetz der verbindlichen Unverbindlichkeit.

Wenn Sie es dann noch schaffen, aus Geiz Ihren angehäuften Besitz, Ihre Fähigkeiten und Ihr Wissen gut vor anderen und auch vor sich selbst zu verstecken, aus Angst, sie könnten Ihnen sonst wieder abhanden kommen, werden Sie sich bald aus Durst und Hunger nach Leben verzehren und immer mehr wollen. Da ist die optimale Ausgangsposition für die Gesetze zehn bis zwölf.

10. Das Gesetz der Autonomie

§ 1 Die Autonomie ist ein Grundrecht des Menschen und bedeutet absolute Unabhängigkeit und Selbstgesetzlichkeit. Daher hat der Mensch das Recht, nach eigenen Gesetzen und eigenem Gutdünken zu leben.

§ 2 Der Mensch soll immer handeln, ohne an die Konsequenzen seines Handelns zu denken.

Nun stehen Sie vor dem Siegertreppchen. Besteigen Sie es! Die letzten drei Gesetze handeln von der Beziehungslosigkeit. Die Bronzemedaille gewinnen Sie, indem Sie sich Ihrer absoluten Freiheit wirklich bewußt werden und diese zu Ihren Gunsten ausnutzen.

Erweitern Sie Ihr Bewußtsein und Ihren Willen und definieren Sie ein hohes Ziel: völlige Autonomie. Denn nur, wenn Sie autonom sind, also ganz und gar unabhängig und frei von jeder Bindung und Beziehung, sind Sie wirklich frei.

Das geht ganz einfach. Jede Beziehung ist ein Wechsel-spiel psychoenergetischer Kräfte, eine Feinwaage von Geben und Nehmen, auf der die Feinunzen der Macht ge-wogen werden. Ja, Sie haben richtig gelesen: Macht. Er-schrecken Sie nicht!

Während Sigmund Freud zuerst die Libido und später das polare Paar aus Lebens- und Todestrieb als psychischen Motor zur Erfüllung des Lebensplanes verstand, ersetzte Alfred Adler, ein Schüler Freuds, in seiner Individualpsy-chologie die Libido durch das Machtstreben. Adler war durch den »Willen zur Macht« in der Lebensphilosophie Nietzsches beeinflußt.

Kennen Sie aus Ihrer Kindheit ein mieses Gefühl totaler Abhängigkeit und Minderwertigkeit, das vielleicht bis heute anhält? Dieses Erleben, so Adler, führt zu einem Kompensationsstreben und mündet während der Puber-tät in den Kampf um die Unabhängigkeit. Der erste mög-liche Weg führt zu Friedensverhandlungen mit dem Ergebnis eines Friedens mit stabilem Machtgleichgewicht. Das braucht der Mensch, um sich dem Strom des Lebens hingeben und ein zufriedenes Lebens führen zu können. – Gott sei Dank können Sie das mit Hilfe dieser Gesetze vermeiden.

Ihr Weg ist nämlich der zweite und endet in absoluter Autonomie. Sie handeln nämlich keinen Friedensplan aus, sondern drehen durch eine Überkompensation den Spieß einfach um, indem Sie jede Beziehung zerstören oder die Machtverhältnisse im Beziehungsgleichgewicht zu Ihren Gunsten manipulieren und nun ihrerseits andere Menschen durch perfide, versteckte seelische Grausam-keit abwerten, entwürdigen und entehren. – Exzellent, autonome Freiheit heißt also, nicht mehr um Macht und Kompromisse zu ringen, sondern sich rücksichtslos sei-

nen Weg durch den Dschungel des Lebens freizuschie-
ßen.

Das befreit Sie von allen Fesseln. In Kombination mit
den letzten beiden Gesetzen werden Sie machen können,
was Sie wollen! Seien Sie kreativ und innovativ, zum Beispiel boshaft, hämisch und gemein. Sie können auch prel-
len und betrügen, hintergehen und belügen. Weisen Sie
jede Anschuldigung für dieses Verhalten von sich! Das ist
Ihr gutes Recht, denn Ihnen steht ja *alles* zu! Berufen Sie
sich einfach auf mich. Ich schiebe es meinerseits Platon in
die Schuhe und beziehe mich auf ein Highlight der griechischen Philosophie, den Satz, daß »kein Mensch absicht-
lich Böses tut«. Für Platon, der die Aussage Sokrates in
den Mund legte, galt sie zwar nur, »solange der Mensch es
nicht besser wisse«, aber was interessiert das uns? Wir nutzen es, um auf professionelle Weise zu demonstrieren, wie
sich Verantwortung mit Autoritätsbeweisen geschickt abschieben läßt. Damit sind wir fein aus dem Schneider und
unserer moralischen und ethischen Verantwortung entho-
ben.

11. Das Gesetz der machtlosen Allmacht

§ 1 Der Mensch hat das Recht auf Allmacht (Omnipotenz).
§ 2 Der Mensch hat das Recht auf Dogmatismus.
§ 3 Der Mensch soll der Mittelpunkt seines
Universums sein.

Die Silbermedaille winkt. Die Meisterschaft der machtlosen Allmacht, der impotenten Omnipotenz, besteht in der
Kunst, alles können zu wollen und doch nichts zu können
– so als würden Sie ständig viele Leute zu rauschenden Fe-

sten einladen, selbst aber nie zu Hause sein, weil Sie weder Smoking noch Abendkleid besäßen.

Aus dem Wissen, daß Sie niemandem vertrauen können, müssen Sie höchste Ansprüche an sich selbst stellen. Zu Recht, denn das chaotische Durcheinander der Welt braucht Ihre starke, ordnende Hand.

Mit Hilfe des Gesetzes der Autonomie haben Sie nun das Recht auf Allmacht und, wie uns die Geschichte lehrt, das Recht auf Dogmatismus. Dieser zeichnet dadurch aus, daß Sie Ihre Meinung als allgemeingültig verpflichtend ansehen, ohne Ihre Meinung begründen zu müssen oder Vorbedingungen und spezifische Umstände vorher kritisch geprüft zu haben. Erlassen Sie folgende Dogmen:

- Dogma der Infallibilität: Ich habe die alleinige Wahrheit gepachtet und bin unfehlbar!
- Dogma der Kognoskibilität: Ich weiß alles besser!
- Dogma der Possibilität: Ich kann alles am besten.

Jetzt werden Sie erleben, daß Sie zwar alles können wollen, aber eigentlich gar nichts können. Nehmen Sie sich ein Beispiel an König Behringer I. In Eugène Ionescos Theaterstück »Der König stirbt« versinkt das gewaltige Reich von König Behringer I. gerade in einer Erdspalte, die Wolken und die Sonne gehorchen seinen Befehlen nicht, und er wird von seinen geliebten Untertanen aufs gröbste verspottet. Aber was dem Faß den Boden ausschlägt: Er soll sterben, obwohl er das gar nicht will.

Dieses Gefühl der Impotenz wünsche ich Ihnen von Herzen, denn in diesem explosiven Gemisch von Allmachtsanspruch und Ohnmachtsgefühl ist ein riesiges Unzufriedenheitspotential verborgen. Sie können auch den Papst fragen.

Im Bewußtsein der Allmacht ist der reine Wille zur Egozentrik verborgen. Formulieren Sie das vierte Dogma:

• Dogma des Rotationismus: Die Welt kreist um mich.

Das Gesetz der machtlosen Allmacht ist daher für die Gesetze der Unzufriedenheit ebenso wichtig wie die Sonne für die Planeten oder die Erde für das alte geozentrische Weltbild. Ihre Glorie erstrahlt in höchstem Glanz, sobald sich die Beziehungsenergien nur noch um Sie drehen, und zwar Ihre eigenen wie auch die Ihrer Beziehungspartner. Die Kraft der Egozentrik entfaltet ihre Wirkung in dem Moment, da die Stimmung Ihres Beziehungspartners vollständig von Ihrer Stimmung abhängt. Dann ist er in Ihrem Gravitationsfeld gefangen. Sie selbst lassen Ihre Gedanken ebenfalls nur noch um ihre Wünsche und Erwartungen kreisen, bis Sie sich so schnell um die eigene Achse drehen, daß die Zentrifugalkraft sie vom Zentrum Ihres Seins fortreißt.

Gemäß dem Motto »Ich bin am Rotieren« liegt die hohe Kunst der sogenannten »zentrifugalen Egozentrik« also darin, Vor- und Hauptwaschgang zu überspringen und sofort in den Schleudergang zu schalten. Dadurch wird die Wäsche zwar nicht rein, aber doch immerhin sauber, denn der Dreck wird durch die hohe Geschwindigkeit unsichtbar. Auf vergleichbare Weise schaffen Sie es, den Glanz Ihrer Glorie von den Schmutzspuren Ihrer Verfehlungen, Sünden und Ihres schlechten Gewissens zu befreien.

12. Das Gesetz der maßlosen Gier

§ 1 Der Mensch hat das Recht, alles zu haben,
und die Pflicht, noch mehr zu wollen.

Nachdem Sie die Bronzemedaille der absoluten Freiheit und die Silbermedaille der impotenten Omnipotenz schon gewonnen haben, winkt Ihnen olympisches Gold. Mit einer Art psychischer Integralrechnung (Mathematiker und Physiker mögen mir verzeihen) integrieren Sie das egozentrische Machtstreben durch das Bewußtsein, daß sich nicht nur alles um Sie drehen muß, sondern daß alles ein Teil von Ihnen ist. Formulieren Sie das fünfte Dogma:

• Dogma der Singularität: Ich bin die Welt, und die Welt gehört mir.

Nachdem Sie nun absolut und allmächtig sind, geben Sie Ihrem Wunsch »Ich will alles und noch viel mehr« nach und verschlingen Sie mit Ihrem Gierschlund die ganze Welt. Mit Ihrer Gefräßigkeit sollten Sie den weißen Hai zum asketischen Hungerkünstler degradieren.

Nun haben Sie die Unzufriedenheit erreicht. Auch wenn Sie die ganze Welt verschlungen haben, werden Sie sich innerlich immer noch vollkommen leer und fremdbestimmt fühlen, denn solange Sie auf Beutezug sind, ist die Kommandozentrale Ihres Selbst nicht besetzt. Obwohl Sie schon total überfressen sind, werden Sie unter dem Gefühl leiden, vor Hunger zu sterben.

Wie goldrichtig Sie damit liegen, erzählt uns die Geschichte von Krösus, dem letzten König von Lydien. Er verfügte über unermeßlichen Reichtum, war jedoch in keinem Augenblick seines Lebens zufrieden damit. Deshalb wünschte er sich, daß alles zu Gold würde, was er berührte. Da hatte er plötzlich ein sogenanntes goldenes Händchen, mit der Folge, daß er sich seine Goldplomben an den goldenen Äpfeln ausbiß, die er in die Hand nahm.

Glauben Sie ja nicht, daß er mit den erträumten Goldschätzen die Vision einer goldenen Zukunft für sein Land und seine Untertanen verwirklichen wollte. Das hätte er spielend tun können, denn er war reicher als jeder andere König zu seiner Zeit. Nein, in Wirklichkeit wollte er seine innere Leere ausfüllen. Doch je reicher er wurde, um so leerer fühlte er sich und desto mehr haßte er sich für seine Unfähigkeit, die Leere zu füllen.

Sie lernen daraus, daß sich erst in größenwahnsinniger Selbstüberschätzung das Gefühl der totalen Minderwertigkeit und Unterlegenheit als Potential der Unzufriedenheit entfaltet.

In »Die sieben geistigen Gesetze des Erfolgs« entwickelt der »Glücklichmacher« Deepak Chopra den Gedanken, das Gefühl des Eingebettetseins in die göttliche Schöpfung und der Verbundenheit mit ihr gebe uns die Kraft, aus uns selbst zu schöpfen, weil wir im Grunde lauter kleine Göttinnen und Götter seien. Wir alle seien reines göttliches Potential, das wie Samenkörner aufgehen könne.

Hier versteckt sich der Denkfehler. Nicht wir, sondern ausschließlich Sie haben die allmächtige Göttlichkeit. Deshalb können Sie dieses Gesetz auch Ihr erstes Gebot nennen: Ich bin der Herr, mein Gott!

Das Ich und seine manipulierte Wirklichkeit

Nachdem Sie die Gesetze gelesen haben, stellt sich natürlich die Frage, wie und wo Sie diese im täglichen Leben anwenden können. Ganz allgemein gilt: Unzufriedenheit stellt sich sofort ein, wenn man mit sich selbst nicht im reinen ist und keine Klärung der Situation absehbar ist.

Es gibt zwei Wege zur Unzufriedenheit. Den ersten beschreiten Sie, wenn Sie die Spielregeln der sozialen Gemeinschaft nicht akzeptieren. Indem Sie verbindliche Werte, Rechte, Pflichten oder Tabus nicht achten, zum Beispiel einen anderen Menschen nicht mit gebührendem Respekt behandeln oder ihn in seiner Würde verletzen, machen Sie sich allerdings schuldig.

Der zweite und weitaus genialere Weg ist es, sich Schuldgefühle zu suggerieren oder von anderen einreden zu lassen, ohne schuldig zu sein. Was den wenigsten Menschen bekannt ist: Sie können sich selbst respekt- und würdelos behandeln, so daß Sie Schuldgefühle gegenüber sich selbst bekommen! Zum Beispiel, indem Sie

- sich ein falsches Bild von der Wirklichkeit machen,
- sich ein falsches Selbstbild schaffen,
- Ihre eigenen Bedürfnisse nicht wahrnehmen,
- Ihr Bewußtsein gegen Ihr Unbewußtes ausspielen,
- Informationen gezielt falsch wahrnehmen und beurteilen oder
- wider besseres Wissen immer eine Ausrede für Ihr Verhalten haben.

Dadurch kommen Sie in einen Zustand innerer Unstimmigkeit und Inkongruenz, was bedeutet, daß Ist-Zustand und Soll-Zustand Ihrer Wirklichkeit nicht übereinstimmen.

Das klingt für Sie jetzt vielleicht noch trocken und unverständlich, wird sich aber in diesem Kapitel klären. Wir beginnen mit der Frage: Warum sind Schuldgefühle so effektiv?

Schuld und Sühne

Aus eigener Erfahrung kann ich Ihnen sagen, daß Schuldgefühle herrlich unzufrieden machen. Ich tat einst alles, um zufrieden zu sein. Ich arbeitete wie ein Verrückter, gönnte mir keinerlei Vergnügungen, Genuß war für mich ein Fremdwort – auf gut deutsch: no sex, no drugs, no rock 'n' roll. Im deutschen Volksliedgut heißt das: »Wer nicht liebt Wein, Weib und Gesang, der bleibt ein Narr sein Leben lang …«

Ich wollte zwar einerseits kein Narr bleiben, andererseits aber auch nicht »Wein, Weib und Gesang« verfallen, weil ich dahinter den Teufel vermutete und allein die Gedanken daran mir schon Schuldgefühle verursachten. Obwohl ich ein perfektes protestantisch-calvinistisches Leben führte, ging es mir aus unerfindlichen Gründen schlecht und immer schlechter.

Deshalb verschrieb mir meine Hausärztin Tiziana M. das Rezept »Verschwende dich!«, und zwar dreimal täglich. Wie mir geheißen war, stürzte ich mich ins volle Leben und verschwendete mich. Ich nahm mir unter der Woche einfach frei, genoß jeden Augenblick, begann, die Frauen zu lieben, tanzte die Nächte durch, kurz, ich trank begierig aus dem Kelch des Lebens. Und eh ich mich's versah, hatte ich meine weiße Weste befleckt und mich mit dem Dreck des Lebens besudelt.

Etwas in mir war empört, ich fühlte mich wie ein Schwein. Die »Schuld« war zu einem Teil meines Lebens geworden. Doch etwas anderes in mir jauchzte vor Glück und klatschte Beifall, es war ein Gefühl, als wären Ketten von mir abgefallen.

Sehr schnell wurde mir klar, daß ich es nicht allen recht machen konnte. Ich wollte den Ansprüchen und Anforderungen der anderen Menschen und meiner mahnenden inneren Stimme genügen, gleichzeitig wollte ich aber auch das Gefühl der Befreiung spüren. Ich geriet in einen nicht zu lösenden Konflikt und Spannungszustand, der mich fast zerriß.

Doch mit der Zeit merkte ich, daß die »Schuld« gar keine echte Schuld war, sondern nur eine raffinierte Unterstellung derer, die ihre Interessen auf meine Kosten durchsetzen wollten. Schuld existiert nämlich nur, wenn man die eigene Würde oder die eines anderen nicht respektiert oder gar mißachtet. Ich lernte, fremde und eigene Bedürfnisse abzuwägen und Grenzen zu respektieren. Vor allem übernahm ich die Verantwortung für mein eigenes Leben. Zwar versuchten trotzdem noch einige Menschen, mir Schuldgefühle zu machen, aber statt der erwarteten Schuldgefühle stellte sich nun Zufriedenheit ein.

Tja, meine Ärztin hatte wohl recht, daß die Annahme und Auseinandersetzung mit der Schuld die entscheidenden Schritte für das persönliche Wachstum, die Reife und Weisheit sind. Genauso war es! Ich hatte danach die allergrößte Mühe, wieder auf den rechten Pfad der Unzufriedenheit zu kommen.

Damit Sie diesen Pfad erst gar nicht verlassen, müssen

Sie strikt vermeiden, die von mir geschilderten Erfahrungen selbst machen zu wollen. Beachten Sie drei Punkte:

- Glauben Sie weiterhin, daß Schuld darin besteht, fremden Wünschen nicht gerecht zu werden, und versuchen Sie generell, es jedem recht zu machen.
- Handeln Sie einfach nicht, dann können Sie auch keine Fehler machen.
- Wenn Sie trotzdem handeln, lehnen Sie jede Verantwortung dafür ab und machen Sie irgend jemand anders dafür verantwortlich.

Die Welt als Wille und Vorstellung?

Stellen wir uns einfach die Frage: Was ist das Sein? Leider läßt sich diese Frage, mit der sich Heerscharen von Philosophen herumärgerten, nicht verbindlich beantworten.

Ganz generell gibt es in der Philosophie die zwei Hauptströmungen der Idealisten und der Materialisten. Die Materialisten beschäftigen sich überwiegend mit dem, was sie unmittelbar wahrnehmen können, die Idealisten vor allem mit dem, was sich möglicherweise hinter dem Wahrnehmbaren verstecken könnte, also den Kräften und Mächten, die im verborgenen schalten und walten. Die meisten Menschen verehren zwar die Idealisten ob ihrer vergeistigten Spekulationen über das Sein hinter dem Schein, ihr Geld jedoch würden sie den Materialisten anvertrauen.

Arthur Schopenhauer, dessen Hauptwerk »Die Welt als Wille und Vorstellung« 1819 erschien, wurde von seinem Willen dazu getrieben, zugleich Idealist und Pessimist zu sein, was ihn ziemlich ins Schleudern brachte. Ich zitiere ihn so gern, weil kein anderer Philosoph in der philosophischen Soap-opera die Rolle des widerlichen Scheusals so perfekt spielte wie er. Er war der lebende Beweis für gelebte Unzufriedenheit. Voll Bitterkeit beklagte er sich zum Beispiel darüber, daß er einer Näherin, die er in einem Wutanfall schwer verletzt hatte, lebenslange Rentenzahlungen leisten mußte. Seinen Verlegern erklärte er den Krieg, und andere Philosophen wie Hegel bombardierte er mit bösartigsten Wortkanonaden, in denen er sie als Unsinnschmierer und Tollhäusler bezeichnete.

Schopenhauers idealistische Idee war, daß die Wirklichkeit ausschließlich ein Konstrukt unserer Vorstellung sei, denn es gebe das »Ding in seinem Ansichsein« und das Ding, wie es in unserer »Vorstellung« erscheine. – Wie können wir uns das vorstellen?

Wahrnehmen, beurteilen, handeln

Stellen Sie sich vor, ein unbemanntes Raumschiff fliegt durch die Weite des Weltraums, auf der Suche nach anderem Leben und dem Unbekannten. Sie steuern das Raumschiff von der Erde aus, wozu Sie eine Weltraumbodenstation brauchen, die mit vielen Antennen ständig alle Signale aus dem Orbit auffängt, in einem Zentralcomputer verarbeitet und zurücksendet, um das Raumschiff auf Kurs zu halten.

Der Mensch ist paradoxerweise Raumschiff und Bodenstation zugleich: einerseits ein auf einer metaphysischen Suche ziellos Umherirrender, andererseits ein in der Realität handelnder Mensch, dessen Gehirn (die Bodenstation) die Informationen empfängt und verarbeitet und dann das Handeln veranlaßt.

Wie funktioniert das genau? Im Gehirn läuft ein stetiger

Prozeß in der Reihenfolge *Wahrnehmung, Beurteilung* und *Handlung* ab.

Unsere Wahrnehmung hängt davon ab, mit was für Antennen und Empfangsgeräten unsere Bodenstation ausgerüstet ist und wie sie ausgerichtet werden. Tatsächlich steht uns nur eine ganz kleine Auswahl an Empfangsgeräten der Wahrnehmung zur Verfügung, mit denen wir *sehen, hören, riechen, schmecken* und *spüren*.

Leider ist nicht nur die Auswahl unserer Wahrnehmungsinstrumente bescheiden, sondern deren Qualität ist auch ziemlich unterdurchschnittlich, gemessen an den Leistungen einiger unserer Genossen aus dem Tierreich. Und zu allem Überfluß befindet sich unser Zentralcomputer, mit dem wir unsere Satellitenschüsseln ausrichten und einstellen und mit dem wir die wahrgenommenen Signale beurteilen, noch in der Erprobungsphase.

Die empfangenen Signale werden in dem großen Zentralcomputer verarbeitet, indem alle emotionalen, intellektuellen und spirituellen Erfahrungen unseres Lebens zu diesen Informationen in Beziehung gesetzt werden. Wir könnten das der Einfachheit halber auch *Denken* nennen.

Denken funktioniert über erlernte, eingravierte Muster. Stellen Sie sich das wie Trampelpfade vor, die in der Zeit des ersten Lernens, also in der frühen Kindheit, angelegt werden. Genauso, wie man gerne in öffentlichen Parks die ausgetrampelten Pfade statt der angelegten Kieswege benutzt, liebt es das Gehirn (unser Zentralcomputer), gedankenverloren immer wieder seine Trampelpfade entlang zu laufen – aus reiner Bequemlichkeit. Um so ein Muster zu ändern, müssen wir nach den neuesten Ergebnissen der kognitiven Psychologie einen neuen Pfad etwa zweihundertsechzigmal gegangen sein.

Nachdem alle Informationen verarbeitet worden sind, erfolgt im letzten Schritt eine Bewertung und Beurteilung. Der Kurs wird neu bestimmt und ein Handlungsprogramm erstellt.

Das, was unser Zentralcomputer letztendlich berechnet hat, ist für uns die Wirklichkeit, oder, wie Schopenhauer sagen würde, die »Vorstellung von der Wirklichkeit«. Und wohin wir fliegen, hängt ausschließlich davon ab, wie wir die empfangenen Signale auswerten und beurteilen, um daraus den neuen Kurs zu bestimmen. Zusammengefaßt heißt das:

- Denken ist nicht angeboren, sondern wird erlernt.
- Sie können nur die Informationen wahrnehmen, für die Sie eine entsprechende Antenne haben.
- Sie können diese vorgefilterten Informationen nur beurteilen, wenn Sie dafür sinngebende Bewertungssysteme und Gesetze haben, die auf Ihren emotionalen, intellektuellen, empirischen und spirituellen Erfahrungen aufbauen.
- Und letztlich können Sie nur diejenigen Informationen in Handlung umsetzen, die nach erfolgter Beurteilung durchgelassen und zu sinngebenden Einheiten zusammengeführt wurden.

Damit wird klar, daß das Unzufriedenheitspotential nicht in der Wirklichkeit an sich, sondern in unserer Vorstellung, unserer Interpretation der Wirklichkeit steckt. Um möglichst unzufrieden zu werden, können wir an zwei Punkten ansetzen:

Erstens können wir die technischen Schwächen unserer Bodenstation verstärken. Das gelingt, indem wir einige boshafte Wahrnehmungsviren und zerstörerische Urteilsviren in die Software des Zentralcomputers einschleusen. Dann werden die Antennen unserer Wahrnehmung falsch ausgerichtet und die eingegangene Information falsch bewertet – mit der Konsequenz, daß unser Raumschiff im Schlingerkurs durch den Weltraum trudelt.

Zweitens gibt es auf der Erde etwa sechs Milliarden Bodenstationen und zugehörige Raumschiffe, die alle fröhlich durcheinanderfunken. Obwohl sie alle ähnliche Zentralcomputer besitzen, laufen auf ihnen aufgrund von mutierten Wahrnehmungsviren etwas unterschiedliche Programme. Das führt dazu, daß es zwischen den Menschen keine einheitliche Wahrnehmung und Beurteilung der Wirklichkeit gibt, mit der Konsequenz, daß es in der Kommunikation zu einem riesigen Chaos kommt.

Das Maß aller Dinge

Weil es also niemals eine objektive Wirklichkeit geben kann, muß jeder Mensch selbst lernen, wahrzunehmen und zu urteilen. Halten Sie es deshalb mit den Sophisten. Ihr Vordenker Protagoras verkündete, daß der »Mensch das Maß aller Dinge sei«. Die Sophisten sprachen den Menschen das Recht zu, alle Angelegenheiten für sich selbst zu entscheiden, und bestritten die Möglichkeit jeder objektiven Erkenntnis. Ethische Regeln sollte man nach der von ihnen vertretenen Lehre nur dann befolgen, wenn dies zum persönlichen Vorteil geschähe. Daher gilt: Jeder ist sich selbst der Nächste. Nutzen Sie immer, was Sie gerade brauchen können.

Der Wille, ein vernunftloser, blinder Drang?

Schopenhauer war der pessimistischen Überzeugung, daß das ganze Leben von Leid durchwirkt sei. Er glaubte, daß die Wirklichkeit die Tat eines üblen Schurken sein müsse. Deshalb überlegte er sich, daß es irgendeine Kraft geben müsse, die das »Ding an sich« in das von unserer Vorstellung wahrnehmbare Ding transformiere, konnte sich aber nicht vorstellen, daß irgend jemand so etwas umsonst tue. Deshalb ging er davon aus, daß es sich um eine Kraft handeln müsse, die sich bei der Verwirklichung der Dinge quasi selbst verwirkliche oder zumindest eine Menge Spaß dabei habe.

Er betrachtete die Welt auf der Suche nach dieser Kraft, fand sie jedoch nicht. Deshalb betrachtete er sich selbst und traf plötzlich auf etwas, das er für alles verantwortlich machte. Und dieses Etwas war der Wille. Damit hatte Schopenhauer den verantwortlichen Sündenbock gefunden.

Nur wer oder was ist dieser Wille? Stellen wir uns vor, der Wille heiße Willy Wirklich und sei der Chef der Produktionsabteilung bei Reality Cooperations Inc., der dafür sorgt, daß jede Idee (das Ansichsein der Dinge) der Entwicklungsabteilung realisiert wird, egal ob sie sinnvoll ist oder nicht.

Sein Lohn für diesen harten Job ist der Spaß, daß er neben all der schöpferischen Arbeit auch eine Menge kaputtmachen und seine Mitarbeiter und Kunden quälen darf, denn laut Schopenhauer tobt im Willen ein »blinder, unaufhaltsamer Drang«, eine ambivalente Streitsucht, die gegen sich selbst wütet und alles Leiden dieser Welt verursacht. Er glaubte, daß auch der menschliche Wille nur ein Teil des einen, umfassenden Willens sei.

Warum ist Schopenhauers Vorstellung, was der Wille sei, für uns so wichtig? Weil es um die Verantwortung des Handelns geht. Eigentlich verstehen wir heutzutage unter dem Willen die Fähigkeit, uns zwischen verschiedenen Handlungsmöglichkeiten zu entscheiden und nach dieser Entscheidung zu handeln. Dabei werden wir von bestimmten Idealen und Verhaltensgrundsätzen geleitet. Das willentliche Handeln des Menschen ist ein bewußter Akt und steht im Gegensatz zum willkürlichen Handeln oder zum impulsiven, instinktiven, gewohnheitsmäßigen und reflexbedingten Verhalten.

Nach Schopenhauers Vorstellung liegt dem Willen aber nicht nur das bewußte Handeln des Menschen zugrunde, sondern auch die Gefühle, einschließlich der unbewußten Natur. Doch was uns nicht bewußt ist, dafür kann uns auch niemand verantwortlich machen! Oder doch?

Die Katakomben des Unbewußten

Zur Klärung der Frage nach dem Bewußtsein greife ich noch einmal auf die schwäbische Mundart zurück. Von Karl Vöckinger stammen auch die schönen Worte: »Du siehsch bei nem Ma nur drana on net dranei.«

Während das Schwäbische zielsicher ins Schwarze trifft, windet sich der Pfeil des hochdeutschen Schützen von hinten durch die Brust ins Auge des Opfers. Die Formulierung will sagen, man sieht bei einem Menschen nur seine Fassade und äußere Verkleidung, nicht aber, was er wirklich denkt und fühlt.

Jetzt wird es spannend. Sind Sie der festen Überzeugung, daß Sie bei anderen zwar nur »drana« schauen, aber bei sich selbst ganz tief »dranei« schauen können und sich sehr gut kennen? Achtung, Sie haben einen Kontrahenten, den wir Bernhard Wußtsein nennen. Er formuliert die Antithese: »Ich weiß, daß mir ziemlich wenig bewußt ist.«

B. Wußtsein behauptet nämlich, daß jeder von uns auch bei sich selbst nur »drana« und nicht »dranei« schauen kann. Was wir beim »Dranei«-Schauen zu sehen bekommen, ist nur ein kleiner Teil des Bewußtseins, während uns der größte Teil unseres Wesens verborgen bleibt.

Das Bewußtsein ist die bemerkenswerte Tatsache, daß wir etwas wissen und fühlen und gleichzeitig wissen, daß wir wissen und fühlen. Wofür ist diese Selbstkontrolle gut? sollten wir ganz skeptisch fragen. Trauen wir uns etwa selbst nicht? Müssen wir uns in unserem Denken und Fühlen, Wissen und Handeln kontrollieren?

So ist es! Auch wenn es schaurig klingt, aber es gibt mehrere Personen in uns, die uns ständig manipulieren und kontrollieren. Sie heißen »Ich«, »Es« und »Über-Ich« und wohnen im Haus unseres Selbst.

Ich: Sie selbst wohnen im Erdgeschoß, auf Ihrer Klingel steht »Ich«, und Sie versuchen, ein normales Leben zu führen. Aber Sie haben einige unbequeme Mieter.

Es: Im Keller wohnt eine Horde wildgewordener Jugendlicher und Kinder, die da unten zum einen die Stereoanlage aufdrehen, daß Ihnen Hören und Sehen vergeht, heiße Sexorgien feiern und mit ihren 300 PS starken Schlitten einen riesigen Radau in der Tiefgarage anstellen, zum anderen aber unglaublich kreativ und voller schöpferischer Energie sind und gerne alles ausprobieren möchten.

Über-Ich: Im Dachgeschoß wohnen einige Richter, die Ihren Eltern, ehemaligen Lehrern und anderen Vorbildern Ihres Lebens zum Verwechseln ähnlich sehen. Und die be-

schweren sich natürlich ständig über die Nervensägen aus dem Keller, auf deren ausgelassenes Leben sie ganz im geheimen fürchterlich neidisch und eifersüchtig sind.

Mit solchen Nachbarn ist es natürlich unmöglich, ein zufriedenes Leben zu führen. Das sollen Sie auch gar nicht. Im Gesetz der eindeutigen Zweideutigkeit haben Sie gelesen, daß Sie Ihren Wesenskern spalten sollen. Das erreichen Sie, indem Sie die Alten ins Dachgeschoß und die Jugendlichen im Keller einsperren, um Ihre Ruhe zu haben. Dann geht der Rabatz unten nämlich erst richtig los, und von oben hagelt es Beschwerden. Und bei wem beschweren die sich wohl? Na, bei Ihnen natürlich, weil Sie doch der Vermieter sind und für Ruhe und Ordnung zu sorgen haben.

Vielleicht wundern Sie sich, daß die alle in Ihrem Haus wohnen. In Wirklichkeit wohnen da noch viel mehr. Werfen Sie zum Beispiel einen Blick in mein Haus. Ich habe eine verständnisvolle Frau, eine heiße erotische Geliebte, eine kleinere anhängliche Schwester, eine fürsorgliche Mutter, eine mit magisch intuitiven Kräften ausgestattete Großmutter und eine perfekte Haushälterin. Und sie alle heißen Ulrike. Sie sind meine Anima, all die weiblichen Persönlichkeitsanteile meiner Seele.

Aber damit nicht genug. Ich habe auch noch einen weisen alten Großvater, einen strengen und gerechten Vater, einen ritterlichen Bruder, und als Freunde einen die Welt erobernden General, den gerechten roten Rächer und den Kettensägen-Massaker-Mann sowie einen vor Phantasie strotzenden kleinen schutzbedürftigen Sohn. Sie alle heißen Uli und bilden meinen Animus, meine männlichen Persönlichkeitsanteile.

Ihre Persönlichkeit ist also eine große Wohngemeinschaft, und diese Leute sind alle Teile Ihres Selbst. Als ich das feststellte, war ich genauso erschrocken wie Sie jetzt. Ich dachte zuerst, ich sei gespalten, bis ich in den Schriften Carl Gustav Jungs nachlas, daß diese Persönlichkeiten in friedvoller Gemeinsamkeit zusammen einen seelischen Organismus bildeten.

Was können Sie mit dieser Erkenntnis anfangen? Daß Sie selbst in diesem Haus wohnen, war Ihnen vielleicht bewußt, aber was ist mit den anderen? Vielleicht war Ihnen bewußt, daß Ihre richterlichen Eltern gelegentlich zu Ihnen zu Besuch kommen und daß Ihr inneres Kind ab und zu seine Wünsche und Bedürfnisse anmeldet. Das ist der Teil Ihres *Bewußtseins*.

Aber daß diese und noch einige mehr ständig als Teil Ihrer selbst zu Hause sind, andauernd etwas von Ihnen wollen, an Ihnen zerren und Entscheidungen in ihren gegensätzlichen Meinungen und Wünschen verlangen, wußten Sie das auch? Diese permanente Zerreißprobe tobt in Ihrem *Unbewußten*.

Eigentlich ist das großartig, denn mit diesem Wissen haben Sie einen Sündenbock. Sie können Ihr Unbewußtes jetzt in jeder Situation als Entschuldigung vorschieben. »Ich hätte die Katastrophe gerne vorhergesehen, aber leider konnte ich es nicht, weil sich der böse Auslöser in der Tiefe meines Unbewußten versteckt gehalten hat.«

Je weniger Sie sich Ihres Unbewußten bewußt werden, um so mehr Ärger haben Sie! Das Gesetz der entschiedenen Entscheidungslosigkeit wird Ihnen helfen, diesen Ärger zu bewahren. Mit Hilfe des Unbewußten können Sie sich hervorragend selbst austricksen. Mit Geschick und Fleiß verbarrikadieren Sie die Kellertür und unterdrücken all Ihre Es-Anteile mit ihren Trieben und Wünschen. Was Sie dann erleben können, ist folgendes: Der Keller unter

Ihrem Haus verwandelt sich in einen aktiven Vulkan, und je weniger Sie sich Ihrer tiefsten Gefühle, Bewertungen, Gelüste, Triebe und Ängste bewußt sind und je mehr Sie diese unterdrücken, um so vehementer brodeln jene in den Tiefen Ihres Herzens.

Die heiße Magma Ihres Herzens wird in eruptiven Stößen mit Urgewalt aus Ihnen hervorbrechen und alles verbrennen. Die aschehaltigen Giftgase Ihrer Gedanken werden Sie und jeden in Ihrer Nähe ersticken und Ihr Umfeld in ein Pompeji und Herculaneum verwandeln.

Kurze Zusammenfassung

- Das Sein läßt sich nicht erfassen, sondern höchstens in der Betrachtung und dem Erleben der Wirklichkeit erfahren.
- Die Wirklichkeit ist eine Konstruktion meiner Vorstellung.
- Meine Wahrnehmungen und Beurteilungen hängen von meiner Vorstellung und Einstellung ab.
- Der Wille ist die Kraft, welche die Ideen verwirklicht.
- Der Wille des Menschen hat bewußte und unbewußte Anteile.
- Bewußtsein heißt, um mein Wissen zu wissen.
- Mein Selbst besteht aus vielen verschiedenen Persönlichkeitsanteilen, einem kleinen bewußten Teil, der mein Ich und zu geringen Teilen mein Über-Ich und Es umfaßt, und aus einem riesigen Unbewußten, das die überwiegenden Anteile meines Über-Ich und Es enthält.
- Mein Es sind meine Wünsche und Triebe, mein Über-Ich sind die darüber urteilenden inneren Gerichtsinstanzen.

Von der wahren Falschnehmung

Kommen wir nun dazu, wie wir unsere Vorstellung von der Wirklichkeit so geschickt manipulieren können, daß wir die größte Unzufriedenheit erreichen.

Beginnen wir damit, wie Sie Verantwortung durch falsche Wahrnehmung und die Suche von Sündenböcken geschickt abschieben können. Danach werden Sie lernen, wie leicht sich Kommunikation manipulieren läßt, um dann zum Höhepunkt und Abschluß voranzuschreiten, der Erschaffung eines irrealen Ich-Ideals. Danach sind Sie gerüstet, den Kampf mit der Zufriedenheit aufzunehmen und die Beziehung zur Realität, zu sich selbst und zu anderen gründlich zu zerstören.

»Some are more equal than others«
George Orwell, Animal farm

Die einzig wahre Art der Wahrnehmung ist die Falschnehmung. Schauen wir uns ein beeindruckendes Beispiel an.

Ein deutscher Spitzenpolitiker reagierte auf die Frage, ob er in einem Fall klassischer Politschiebereien gelogen habe, mit den Worten: »Ich habe nicht gelogen, ich habe nur die Unwahrheit gesagt.«

Wie finden Sie das? Frech, dummdreist oder raffiniert? Dieser Satz veranschaulicht überdeutlich eine perfektionierte Verwirklichung des sophistischen Denkens »Der Mensch ist das Maß aller Dinge«. Er offenbart, daß sich der Ex-Minister entweder seiner Handlung oder ihrer Legitimität nicht *bewußt* war oder seine Interpretation des Begriffs Wahrheit mit unserem allgemeinen Wahrheitsempfinden nicht übereinstimmte.

Beide Varianten empören uns, weisen aber die überdurchschnittliche Eignung dieses Mannes für das Amt eines Spitzenpolitikers aus, denn er zeichnet sich dadurch aus, daß er keine Vorbildfunktion übernimmt und prinzipiell die Rechte und Pflichten von Bürgern und Politikern mit zweierlei Maß mißt.

Ja, liebe Leser, was ist schon wahr und was wirklich? Doch wir wissen inzwischen, daß die Wirklichkeit nur eine subjektive Vorstellung ist. Auch der Spitzenpolitiker wußte das, und daher ließe sich argumentieren, daß er eben nur andere Denkmuster und ein anderes Wertesytem habe und damit auf keinen Fall für irgend etwas verantwortlich oder schuldig sei.

Die Macht des Schicksals

Es gibt unendlich viele Möglichkeiten, Verantwortung abzuschieben. Schopenhauer ließ sich, wie Sie oben schon erfahren haben, leider dazu hinreißen, dem Menschen die Verantwortung zu übertragen, den Willen entweder zu bejahen und das Leben mit allen Konsequenzen zu nehmen, wie es ist, oder aber den Willen durch Askese zu verneinen.

Deshalb wenden wir uns etwas zu, auf das der Mensch per Definition überhaupt keinen Einfluß hat – dem Schicksal.

La forza del destino (Die Macht des Schicksals)
Eine »komische« Oper von Giuseppe Verdi

Amerikanischer Bürgerkrieg. Alvaro und Leonora lieben sich heiß und innig. Sie wollen durchbrennen, weil Leonoras Vater, der Großmogul von Virginia und ein Südstaa-

tenfuzzy der Extraklasse, etwas gegen Alvaros Hautfarbe hat. Als sich die beiden gerade aus dem Staub machen wollen, werden sie von ihm überrascht. Alvaro ist ein naiver Pechvogel und glaubt, dem Baumwollbaron etwas erklären zu können. Er will seine .45er Magnum gerade fortwerfen, da löst sich ein Schuß, der Leonoras Vater mitten zwischen die Augen trifft.

Auf der Flucht verlieren sich die beiden Liebenden zufällig aus den Augen. Daraufhin geht sie ins Kloster und er zur Marine. Dort rettet er ihrem inkognito reisenden Bruder Carlos, der haßerfüllt den Tod des Vaters sühnen will, das Leben. Durch einen blöden Zufall entdeckt jener Alvaros Identität und will ihn töten. Doch inzwischen ist Alvaro Mönch im gleichen Kloster wie Leonora geworden, ohne daß sie voneinander wüßten und natürlich rein zufällig. Carlos stöbert ihn auf und fordert Alvaro zum Duell, in dem Carlos schwer verwundet wird, woraufhin Alvaro Hilfe suchend in die Klause Leonoras stürzt (zufällig!). Diese will ihrem Bruder zur Hilfe eilen, wird aber von Carlos, der selbst noch im Todeskampf unversöhnlich ist, durch einen Dolchstoß niedergestreckt und stirbt in den Armen Alvaros, der in rasendem Zorn gegen die Macht des Schicksals Gott verflucht.

Ja, das Schicksal macht, was es will, und das ohne Sinn und Verstand. Zudem scheint es gegen das Ursache-Wirkungs-Prinzip zu verstoßen, weil alles rein zufällig eintritt. Natürlich löste sich der Schuß *rein zufällig*. Wer wollte Alvaro schon eine Freudsche Fehlleistung unterstellen, nach der möglicherweise sein unbewußtes hassendes Es den Schuß ausgelöst hätte? Auch Sie wird niemals die Schuld treffen, wenn Sie nur fest genug daran glauben, daß Ihr Leben fremdgesteuert wird und Sie keinerlei Einfluß darauf haben. Es wäre einfach lächerlich zu meinen, mit etwas Wagemut, Verstand und Engagement ließe sich das Leben auch selbst gestalten. Das hieße nämlich wieder einmal, selbst die Verantwortung zu übernehmen.

Das Schicksal ist eine großartige Ausrede. Ebenso wie wir erkannten das auch einige clevere Philosophen und machten daraus flugs einen ethischen Determinismus, nach dem es für den menschlichen Willen keine Freiheit und Verantwortlichkeit gibt, weil alles durch äußere Bedingungen bestimmt ist. Aber welch ein Dilemma – genau das Gegenteil behaupten die östlichen Philosophien, wenn sie vom Karma sprechen, das sie als die Bestätigung der menschlichen Freiheit sehen. Das Karma sagt nämlich:

Wir ernten, was wir säen.

Und genau das scheint sich ja in dieser außerordentlich komischen Oper zu bestätigen. Komisch sind zwar einzig und allein die vielen schicksalhaften Zufälle, lustig hingegen die vielen vergeblichen Versuche von Leonora und Alvaro, ihr Liebesglück und ihren Seelenfrieden zu retten, indem sie sich immer wieder verstecken.

Die beste Möglichkeit, daß Sie das Karma unausweichlich einholt, ist, daß Sie sich vor sich selbst und den Konsequenzen Ihres Handelns verstecken, statt aus ihnen zu lernen, denn letztlich führt das Schicksal doch unabwendbar herbei, daß jede Schuld gesühnt wird. Und selbst wenn Sie immer etwas schneller als das Schicksal sind, werden Ihnen die Angst vor der Sühne und Ihre Schuldgefühle die Freude am Leben so richtig vermiesen.

Die Kunst der falschen Kommunikation

Nicht immer waltet das Schicksal so zuverlässig wie bei Alvaro und Leonora. Dann müssen wir ihm etwas nachhelfen und selbst aktiv werden. Der Kommunikation kommt dabei eine Schlüsselrolle zu. Wie funktioniert Kommunikation?

Während Sie diese Zeilen lesen, sende ich, und Sie empfangen meine Botschaft. Die Grundlage jeder Kommunikation ist, daß es Sender und Empfänger gibt – die grundlegende Voraussetzung dafür, daß Sie bewußt und mit aufmerksamem Interesse zuhören, hinsehen oder fühlen, während der andere zu Ihnen spricht, Ihnen etwas zeigt oder Sie berührt.

Man könnte annehmen, eine Sprache und ihre Worte seien völlig neutral und immer klar verständlich. Aber tatsächlich ist es so, daß einzig der gezielte Einsatz von sprachlichen Spielregeln den gewünschten Erfolg der Kommunikation ermöglicht. Der österreichische Sprachphilosoph und Logiker Ludwig Wittgenstein sagte, die Bedeutung eines Satzes könne nur unter Berücksichtigung seines Kontextes verstanden werden und der sei abhängig von den jeweiligen Personen und den Spielregeln ihres »Sprachspiels«, das sie benutzten. Zum Beispiel spielen Informatiker andere Sprachspiele als Kleintierzüchter oder verliebte Männer, was zu völlig unterschiedlichen Assoziationen bei dem Wort Maus führt.

Eintopf und Hackbraten

Mit der Technik der Verhackstückelung drehen Sie den Leuten das Wort im Munde herum, bis sie selbst nicht mehr wissen, was sie gesagt haben. Man nennt das auch

Rhetorik. Beispiele dafür finden Sie in diesem Buch genug.

Der Apostel Paulus schreibt in Kapitel 13, Vers 8 des Römerbriefs: »Bleibt niemand etwas schuldig, außer der Schuld, die ihr niemals abtragen könnt: Die Liebe, die Ihr einander erweisen sollt.«

Was Paulus hier in Worte von schlichter Schönheit kleidet, enthüllt sich als eine teuflische Aussage hinter rhetorischer Brillanz. Er ruft damit zum Verstoß gegen das Gesetz der Beziehungsvermeidung und impotenten Allmacht auf! Und diese Stelle ist nur eine von Abertausenden, mit denen Sie täglich konfrontiert sind.

Übung: Versuchen Sie, durch eine geschickte Zitierweise die Paulusworte treffsicher in den Dienst Ihrer Mission zu stellen. Zum Beispiel: »Wies nicht schon Paulus uns indirekt darauf hin, daß Autonomie und Beziehungsvermeidung lebensnotwendig sind, sich aber nur praktizieren lassen, wenn eine Hand die andere wäscht, als er schrieb: ›Bleibt niemand etwas schuldig‹? Ja, zeigte er uns in Römer 13,8 nicht sogar unmißverständlich, daß die Liebe in Wirklichkeit eine negative Kraft ist? Daß sie nicht nur schuldbeladen ist, sondern daß die Liebe selbst eine Schuld ist, die sich niemals abtragen läßt? Deshalb lassen Sie uns zur Rettung des Seelenheils gemeinsam gegen die Liebe ins Feld ziehen!«

Großmutter, was hast du für große Ohren?

Ignatius von Loyola, der Begründer des Jesuitenordens, erkannte schon im sechzehnten Jahrhundert, welche ungeheure Macht die Sprache hat, und verschrieb seinen Mitbrüdern ein Rezept, mit deren Hilfe sie auf dem Trienter

Konzil 1546 und in den folgenden Jahrhunderten ungemein erfolgreich waren.

In seinem Brief »Winke für das Verhalten« gibt er die Anweisung, »langsam, bedächtig und liebevoll im Sprechen« zu sein. Er selbst »würde beim Zuhören zu lernen suchen und bliebe dabei innerlich ruhig, um die Gedanken, Gefühle und Absichten der Sprecher aufzufassen und hernach um so besser zu antworten, beziehungsweise um so besser zu schweigen«. Zudem empfiehlt er, immer »die Gründe dafür und dagegen« anzugeben, »um sich nicht vom eigenen Urteil voreingenommen zu zeigen, und man trage Sorge, niemanden zu verärgern«. Hier lernen Sie also, wie Sie es auf keinen Fall machen dürfen.

In dem für Unzufriedenheitsaspiranten auf den Index gesetzten Buch »Miteinander reden« püriert Friedemann Schulz von Thun auf geniale Weise mit dem Mixstab die Erkenntnisse von Carl Rogers, Paul Watzlawick, Alfred Adler und anderen und kocht daraus ein Menü, wonach jede Nachricht vier Gänge hat. Als Vorspeise den *Sachinhalt*, nach der die meisten Menschen schon satt sind. Als Hauptspeise die *Beziehungsnachricht*, die bei vielen Menschen ein heftiges Aufstoßen hervorruft, als Dessert den *Appell*, wovon den meisten übel wird, und als krönenden Abschluß die *Selbstoffenbarung*, vor der man aus Übelkeit die Augen verschließt.

Weil jede Botschaft vier Seiten hat, muß jeder Mensch auch vier Ohren haben, um diese Botschaften zu hören und zu dechiffrieren, eben das Sachohr, das Beziehungsohr, das Appellohr und das Selbstoffenbarungsohr.

An dieser Erkenntnis können wir ansetzen, um in Zukunft immer nur noch zu hören, was wir hören wollen – falls Sie darin nicht sowieso schon ein Meister sind – und unsere Nachrichten so zu verpacken, daß sie der Empfänger notwendigerweise falsch entschlüsseln muß. Wie sehr das gegenseitige Verständnis in einer Beziehung vom Hören auf dem »richtigen Ohr« abhängt, zeigt das nachfolgende Beispiel.

Schwerhörig oder hellhörig?

Kürzlich bekam ich ein Drehbuch für eine Familienserie zu lesen. Ich war verwirrt, denn die Szenen und Dialoge paßten überhaupt nicht zu einer Familienserie. Endlich begriff ich, daß es sich um ein Mißverständnis handeln mußte und ich mit dem »verkehrten Ohr« gelesen hatte. Es handelte sich ganz offensichtlich um eine Folge aus einer medizinischen Science-fiction-Serie, die auf einer neurologischen Station spielte.

Es ging um eine Frau und einen Mann, die laut Drehbuch verheiratet waren. Sie saßen nebeneinander auf einer Couch. Die Frau mußte einen schlimmen Unfall oder Tumor gehabt haben. Auf jeden Fall war sie wohl blind, weil er ihr ständig ganz genau erklärte, was er gerade sah und hörte. Damit nicht genug, litt sie außerdem unter einem Gedächtnisverlust (Amnesie) und konnte seine Worte zwar hören, aber den Inhalt nicht verstehen (sensorische Aphasie). Denn jedesmal, wenn er beschrieb, was gerade los war, fragte sie ihn, wer sie eigentlich sei. Ihr Mann war völlig emotionslos, woraus ich schließe, daß er ein geklonter Android war. Der spannendste Dialog lautete wie folgt:

Mann: (schaut auf die Uhr) Es ist zwanzig Uhr, und das Bier ist leer.
Frau: Bin ich dein Hausmädchen?
Mann: Die Sportschau beginnt!

Frau: (dreht sich zu Seite, fragender Blick in die Kamera)
Ich bin doch nicht seine Sklavin, oder was?
Mann: Hast du gehört?
Frau: Denkst du, ich bin taub?

So ähnlich lief das die ganze Zeit, bis die Frau einen hysterischen Anfall bekam und schreiend davonlief. Er rief ihr dann nur noch hinterher: »Mit dir kann man ja nicht vernünftig reden.«

Ein kurzes, aber wunderschönes Beispiel für eine gelungene Kommunikation! Der Sachinhalt der oben beschriebene Botschaft lautet, daß die Bierflasche leer ist, wobei die erste Ungenauigkeit darin besteht, daß nicht das Bier, sondern die Flasche leer ist. Das ist eine Feststellung. Die Selbstoffenbarung, die sowohl eine Selbstdarstellung als auch eine Selbstenthüllung sein kann, heißt hier vielleicht »ich kann sehen«, »ich bin durstig und zugleich müde« oder »ich will dominant sein«. Auf der Beziehungsebene macht der Sender klar, was er vom Empfänger hält. Je nachdem könnte er aussagen: »Unsere Beziehung ist gleichwertig, ich halte dich für eine wundervolle Frau und bin auf deine Hilfe angewiesen« oder: »Ich bin der Boß, und du hast gefälligst zu springen.«

Wozu will er seine Frau wohl veranlassen? Seine Frau hört den Appell heraus: »Geh und hol mir ein neues Bier.« Er könnte aber auch gemeint haben: »Hol mir bitte ein neues Bier« oder: »Mein Schatz, wärest du so lieb, mir ein Bier zu holen?« Es könnte aber auch heißen »Gott sei Dank ist das Bier leer, denn ich habe überhaupt keinen Durst mehr« oder: »Jetzt können wir aufstehen und spazierengehen.«

Es kommt nur darauf an, ob seine Stimme einen Kasernenhofton hat, ob er spitzbübisch mit den Augen zwinkert, laut seufzt oder sich die Hände reibt. Leider müssen wir uns hier überwiegend auf die verbale Ebene beschränken, da die nonverbalen Elemente der Kommunikation in einem Buch schwer zu beschreiben sind. Aber ich empfehle Ihnen ein entsprechendes Training, um Ihre Mimik, Gestik und Körpersprache ebenso gezielt einzusetzen.

Beginnen Sie zunächst damit, Ihre Ohren zu trainieren. Sie müssen einerseits schwerhörig sein, um die Bedürfnisse und Ängste anderer Menschen nicht zu hören, andererseits aber sehr hellhörig sein, weil sich hinter jeder Botschaft eine Gemeinheit verbergen könnte.

Als Spezialwaffe haben wir für Sie das *Beziehungslauerohr* entwickelt, mit dem Sie jede Bemerkung auf die Goldwaage legen können. Sie entdecken damit in jeder Bemerkung eine Herabwürdigung, eine Entehrung und Mißtrauen Ihnen gegenüber.

Es lohnt sich außerdem sehr, nicht nur bei anderen Menschen auf dem falschen Ohr zu hören, sondern auch die eigene innere Stimme falsch zu verstehen.

Die Erschaffung des Ich-Ideals

Spieglein, Spieglein an der Wand

»Spieglein, Spieglein an der Wand,
wer ist die Schönste im ganzen Land?«
»Frau Königin, Ihr seid die Schönste im Land!«

Hätten Sie nicht auch gerne einen Spiegel, der Sie jeden Morgen mit solch einem Kompliment begrüßt? Das ist ein erhebendes Gefühl, tut der Seele gut und stärkt das Selbstwertgefühl.

Spiegel sind etwas Wundervolles, sie haben eine geheimnisvoll mystische, geradezu magnetische Anziehungskraft. Ein Spiegel zeigt Wesen und Welt. Was wir im Spiegel von uns sehen, halten wir für unser wahrhaftes Selbst, obwohl das Spiegelbild spiegelverkehrt ist. Abbild und Vorbild verschmelzen zu einer Einheit, die wir für die Wirklichkeit halten. Aber Sie wissen ja, die Wirklichkeit ist ein Produkt Ihrer Vorstellung.

Eine großartige Methode, mit der Sie sich herrlich unzufrieden machen können, ist die Erschaffung eines unrealistischen Ich-Ideals. Präsentieren Sie sich so, wie Sie gerne sein wollen, aber auf gar keinen Fall so, wie Sie wirklich sind. Im Sinne der Gesetze der ewigen Suche und perfekten Zukunft müssen Sie ein Bild von sich kreieren, indem Sie großartig, perfekt und vollkommen sind. Quasi eines, das mit Ihnen möglichst wenig zu tun hat, das sich aber auch nicht erreichen läßt.

Schritt 1: Erschaffen Sie ein Image, wie das neudeutsch genannt wird. Ein Image besteht aus einer hübschen Verpackung, peppig und poppig, die sofort alle Blicke auf sich zieht. So wie die riesigen bunten Ostereier, die verschwenderisch in Klarsichtfolie verpackt und mit voluminösen Schleifen versehen sind, innen aber nur aus einer vier Millimeter dünnen Schokoladenschicht bestehen und ansonsten völlig hohl sind. Was sich darin verbirgt, ist zweitrangig, im besten Falle einfach nichts. Sie wissen ja, »drana« ist nicht »dranei«.

Schritt 2: Nur, wenn Sie Ihr Persönlichkeitsprofil ohne Ecken und Kanten zeigen, sind Sie weder angreifbar noch greifbar, so wie ein Stück Seife, das Ihnen immer wieder aus den Händen flutscht. Im zweiten Schritt achten Sie deshalb darauf, Ihr Image möglichst unscharf und unkonturiert zu gestalten, dann ist es nicht auf seinen Wahrheitsgehalt zu überprüfen, was all Ihren Freunden und Geschäftspartnern den größtmöglichen Interpretationsspielraum ermöglicht.

Sie können gewiß sein – Ihre Freunde wollen nur das Beste in Ihnen sehen, weil sie hoffen, in Ihnen etwas zu finden, was sie selbst nicht besitzen (Sie natürlich auch nicht – Sie tun ja nur so, als ob). Diesen sogenannten Identifikationsvorgang nennt man *Projektion*. Im nächsten Schritt wollen Ihre Freunde allerdings nicht nur besondere Qualitäten sehen, sondern diese auch selbst haben. Das gelingt ihnen, indem sie sich durch Ihre Anwesenheit mit den bunten Federn Ihres sprühenden Witzes, Ihrer Tugenden und Ihres Wissens schmücken, also sich Ihre Qualitäten gierig einverleiben, was man *Introjektion* nennt.

Und die Moral von der Geschicht: Sie müssen nicht versuchen, ein großes Licht zu werden, es reicht, wenn Sie ein großer Blender sind.

Erkenntnis und andere arglistige Enttäuschungen

Möglicherweise sind Sie wirklich die oder der »Schönste im ganzen Land«. Was aber, wenn nicht? Dann könnte der Spiegel eines Tages sagen:

»Frau Königin, Ihr seid die Schönste hier,
aber Schneewittchen über den Bergen
bei den sieben Zwergen
ist noch tausendmal schöner als Ihr.«

Im Spiegel lauert immer die große Gefahr der Erkenntnis. Bei genauem Hinschauen erkennen Sie plötzlich Falten, Pickel und graue Haare – und möglicherweise, daß es sich bei Ihrem Selbstbild ausschließlich um eine Reflexion vordergründiger Oberflächlichkeit handelt und daß das Geheimnis Ihrer Persönlichkeit in einer jenseitigen Tiefe verborgen ist. Und eh Sie sich's versehen, ist die herrliche Täuschung Ihres erschaffenen Ich-Ideals dahin, und Sie schauen der Wahrheit ins Gesicht – eine echte Ent-Täuschung!

Es ist der Blick in die eigenen Abgründe, der uns erstarren und versteinern läßt. Ähnlich wie Lots Frau bei dem Blick in den Spiegel ihrer Vergangenheit zur Salzsäule erstarrte, ist auch das Bild der Medusa eine Reflexion unserer Ängste. Die arme Medusa aus der griechischen Mythologie war ein Gruselmonster und mit solcher Häßlichkeit geschlagen, daß allein ihr Anblick jeden Betrachter zu Stein erhärten ließ. Nur mit Hilfe eines spiegelnden Schildes gelang es Perseus, sie zu töten.

Nicht umsonst wurden früher die Spiegel beim Tod eines Menschen verhängt. Man hatte damals nämlich furchtbare Angst, daß seine Seele sonst im Hause hängenbleiben und er sich in ein Schloßgespenst verwandeln könnte. Und wer erst einmal zu einem Gespenst, Dämon, bösen Geist oder Vampir geworden ist, der verrät sich durch sein fehlendes Spiegelbild.

Daraus folgt: Wer zu tief in den Spiegel schaut, kommt sich dabei möglicherweise abhanden. Selbsterkenntnis ist also äußerst gefährlich, denn sie besteht darin, das zu erfahren, was man wünscht, nicht erfahren zu müssen. Sie dürfen deshalb das reale tiefengeschärfte Bild Ihres Selbst niemals sehen und müssen sich mit allen Mitteln gegen Selbsterkenntnis schützen.

Fazit: Sie müssen nur die »richtigen« Freunde wählen, und mit etwas Übung umgeben Sie Heerscharen von schleimigen Claqueuren, die Ihnen immer wieder versichern: »Ihr seid die Schönste im ganzen Land.« Sollte einer Ihren Erwartungen nicht gerecht werden, zeigt Ihnen Narkissos die Lösung: Als Echo aufhörte, Narkissos nur noch widerzuspiegeln, was dieser hören wollte, schickte er sie schnurstracks zur Hölle. Das gleiche erwarte ich von Ihnen.

Übung: Gehen Sie durch Ihre Wohnung und zertrümmern Sie alle Spiegel. Verhängen Sie die Fenster, damit Sie sich nicht aus Versehen darin spiegeln, und montieren Sie das Glas aus Ihrer Armbanduhr. Trinken Sie nur noch aus unglasierten Keramiktassen. Lassen Sie in Ihrem Garten das Wasser aus dem Biotoptümpel, und zerkratzen Sie den Metalliclack Ihres Autos. Ob Sie es glauben wollen oder nicht, Menschen mit einer sogenannten Borderlinestörung oder einer Schizophrenie machen häufig genau das, um die Wirklichkeit nicht erkennen zu müssen.

Ist Ihnen das zu realitätsfern? Dann können Sie sich auch damit begnügen, Ihre eigenen Probleme und die wahren Motive Ihres Handelns nicht zu hinterfragen und jeden Kontakt mit ehrlichen Menschen zu meiden.

Tip: Sie können sich auch vor der Erkenntnis schützen, indem Sie sich eine erlesene Designerkollektion aus »Wahrnehmungs- und Beurteilungsbrillen« zulegen, die Sie situativ wechseln, um immer nur zu sehen, was Sie gerade sehen wollen. Um Ihre Schattenseiten nicht sehen zu müssen, empfehle ich das Modell Deep Black, das Sie augenblicklich blind für die Wahrheit macht. Mit Modell Super Pink verlieben Sie sich sofort, was zu einer totalen

Sonnenfinsternis Ihres klaren Verstandes führt. Unser Sondermodell Black & White schärft Ihren Blick für die einseitige Sichtweise, und Model Soft & Smooth läßt alles vor Ihren Augen verschwimmen. Etwas ganz Besonderes ist unser Modell Wilhelm Conrad Röntgen mit einer ausgeklügelten Polarisationsfiltertechnik, mit der Sie bei anderen Menschen ausschließlich das Schlechte sehen.

Vorsicht vor Erleuchtung!

Nun sind Sie einigermaßen gegen die Erkenntnis gewappnet, aber es droht noch die Ent-Täuschung durch Erleuchtung.

Das Phänomen der Erleuchtung läßt sich genauso schwer erklären wie das der Liebe. Stellen Sie sich vor, Sie hätten Ihr Leben lang und ohne Hintergedanken gelegentlich Leberwurstbrote und Äpfel gegessen und ab und an einen Most getrunken. Und aus heiterem Himmel, völlig unerwartet, durchfluten Sie auf einmal die Gefühle intensiver Wärme und seligen Glücks. Und als würden Sie die Welt mit anderen Augen betrachten, hebt sich ein Vorhang, und als hätte es nie eine andere Wahrheit gegeben, ist Ihnen im selben Augenblick klar, daß das Paradies auf Erden aus der *Kombination* von Leberwurstbrot, Apfel und Most besteht. Ihre Wirklichkeit ändert sich schlagartig in einem Augenblick, weil sich einzelne Mosaiksteine durch ein Erlebnis oder einen zufälligen Perspektivenwechsel plötzlich zu einem neuen Bild zusammenfügen, wodurch Sie zu einem höheren Verständnis gelangen.

Die Stimme des Herzens

Erleuchtung hat etwas mit großer Achtsamkeit und Aufmerksamkeit zu tun. Ebenso gefährlich ist es, sich zu besinnen und nach innen in sich hineinzulauschen. Paulo Coelho versucht in seinem Buch »Der Alchimist« auf heimtückische Weise, seine Leser zu verführen, auf die Stimme des Herzens zu lauschen, also im Unbewußten herumzuspionieren.

»Warum soll ich dann auf mein Herz hören?«
»Weil du es niemals zum Schweigen bringen kannst. Und selbst wenn du so tust, als ob du es nicht hörst, so wird es doch immer wiederholen, was es vom Leben und von der Welt hält.«
»Selbst wenn es trügerisch ist?«
»Wenn es dich zu täuschen vermag, so ist es wie ein Hieb, auf den du nicht gefaßt bist. Wenn du dein Herz gut kennst, dann wird nichts unerwartet kommen ...«
Der Jüngling lauschte weiter der Stimme seines Herzens, während sie durch die Wüste zogen. Er lernte dessen List und Tücke kennen und nahm es so an, wie es war. Dann verlor er plötzlich die Angst und wollte auch nicht wieder umkehren, denn sein Herz sagte ihm eines Nachmittags, daß es zufrieden sei.

Und was ist das Ende vom Lied? Das Herz des Jüngling sagt zu ihm, daß es zufrieden sei! Aber warum?

»Selbst wenn ich manchmal ein bißchen klage«, sagte die *Stimme des Herzens*, *»schließlich bin ich ein Menschenherz, und diese sind nun mal so. Sie haben Angst davor, sich ihre größten Wunschträume zu erfüllen, weil sie den-*

ken, daß sie es nicht verdient haben oder es nicht erreichen werden. Wir Herzen sterben vor Angst bei dem bloßen Gedanken, daß unsere Lieben uns für immer verlassen, daß Momente, die gut hätten sein können, es nicht waren, daß Schätze, die entdeckt werden könnten, für immer im Sand versteckt bleiben. Denn wenn das passiert, dann leiden wir sehr.«

Aus dieser Selbstoffenbarung des Herzens können Sie ableiten, daß Buddha nicht die ganze Wahrheit entdeckte. Denn viel schlimmer als die Tatsache, etwas nicht zu bekommen, was ich ersehne, ist die *Angst* davor, also die bloße Verstellung, daß ich es nicht bekommen könnte. Wenn Sie genau hinhören, besteht die große Gefahr, daß die Stimme des Herzens Ihnen Ihre Urängste verrät und Sie auf die dumme Idee kommen, sich Ihren Ängsten zu stellen, um sie zu überwinden.

Nicht nur Radios, Fernseher und Walkman, sondern jede andere Form der Ablenkung, auf die wir noch zu sprechen kommen, können Ihnen helfen, die Stimme des Herzens zu überhören. Und wenn das Herz schreit wie am Spieß, um sich Gehör zu verschaffen, dann müssen Sie eben zu drakonischen Maßnahmen greifen. Wenn Sie nicht wissen, wie Sie das bewerkstelligen sollen, dann schauen Sie sich einfach an, wie aufbegehrende Kinder und bedürftige Haustiere erzogen, alte Menschen in Pflegeheimen behandelt und aufmüpfige Kleinstaaten von Großmächten diszipliniert werden. Nämlich mit scheinbar »fürsorglicher Liebe«! Aber davon später mehr.

Handlungsanweisungen

Zen oder Die Kunst der Unzufriedenheit

Ich höre Sie stöhnen: »Diese vielen Gesetze und Techniken, das schreibt sich alles so leicht und läßt sich so schwer umsetzen.« Nur Mut! Haben Sie keine Bedenken – schon im alten Rom glaubte man an den Erfolg konsequenter Übung. Seneca schrieb in seinem Buch »Von der wahren Lebenskunst«:

Glaube nie, wenn etwas schwer erscheint, daß es dir nicht möglich sei, es zu meistern! Wenn etwas irgendeinem Menschen möglich war, dann ist es auch für dich erreichbar. Wage dich deshalb mutig an die Dinge, an deren Durchführbarkeit du anfangs zweifelst. Und vertraue auf die Überlegenheit der inneren Kraft über die äußeren Dinge und Umstände!

Machen Sie sich eins klar: Wenn Sie die Unzufriedenheit wirklich erreichen wollen, werden Sie es auch schaffen; Übung macht den Meister. Um viel Übung geht es auch im buddhistischen Zen. Der Buddhismus geht davon aus, daß alles nur in Relation, in Beziehung zueinander existiert. Das Zen ist ein meditativer Zustand innerer Versenkung, in dem die Frage, wie sich ein Individuum von dem anderen abgrenzen läßt, erloschen ist. Sein Ziel besteht darin, die Wirklichkeit zu sehen, wie sie ist, ohne sie zu beurteilen oder sie durch eigene Ideen und Gefühle zu verändern. Im

Zen wird dieser Zustand »Leere« genannt. Ist das nicht paradox? Auch wir sind auf der Suche nach der Leere, wollen aber alles tun, um die Wirklichkeit durch unsere eigenen Ideen und Gefühle zu manipulieren.

Die Paradoxie ist des Zenmeisters liebstes Kind, mit dem er seine Schüler gezielt in den Irrsinn treibt. Zum Beispiel fragte mich Zenmeister Franz einmal: »Was ist das Klatschen einer Hand?« Er quälte mich so lange mit dieser Frage, bis ich ihm eine Ohrfeige gab. »Siehst du«, sprach er, »das ist es.« Auch der Weg des Zen ist ein praktischer, und wer zum Meister der Unzufriedenheit werden will, der muß üben, üben und nochmals üben. So lange, bis ihn die Erleuchtung trifft wie ein Blitz.

Supernova und Schwarzes Loch

Eine Paradoxie ist eine Widersinnigkeit, die sich (auf den ersten Blick) mit dem logischen Verstand nicht lösen läßt. Erinnern Sie sich an die Paradoxie, daß Sie zugleich ein unbemanntes Raumschiff und eine Weltraumbodenstation sein sollten? Nun sollen Sie lernen, gemäß dem Gesetz der machtlosen Allmacht ein Ich-Ideal zu erschaffen, das es Ihnen ermöglicht, zugleich allmächtig und großartig zu sein und sich dabei völlig wertlos und nichtig zu fühlen. Anders gesagt: Sie sollen zugleich Narkissos und Echo sein.

Um das zu verstehen, müssen wir uns nun etwas mit Gravitationskräften und dem Leben von Sternen beschäftigen. Die Gesetze der Unzufriedenheit handeln unter anderem davon, wie Sie ein labiles Beziehungsgleichgewicht stören können. Die Entstehungsgeschichte der Sterne im Universum hält dafür zwei wundervolle Beispiele bereit: die sogenannten Supernovae und die Schwarzen Löcher.

Ein Stern entsteht, wenn eine große Gasstaubwolke eine kritische Masse übersteigt (ungefähr so, wie ein Bankkonto entsteht, wenn der Sparstrumpf eine kritische Masse übersteigt). Durch die Anziehungskraft ballen sich die Gasstaubteilchen zusammen, und es kommt zu einer unglaublichen Hitze, die mit Sicherheit einen Sonnenbrand verursacht. Bei der Kernfusion von Wasserstoffatomen zu Helium entstehen irrwitzige Energien, die nach außen und gegen die Gravitationskraft wirken und damit das Kollabieren des Sterns verhindern. Es kommt zu einem dynamischen Gleichgewicht aus Anziehung und Abstoßung, genau wie in einer Beziehung.

Wenn in Folge der Wärmeabgabe der Energieverlust des Sterns nicht mehr ausgeglichen werden kann, weil die Jungs vom Kernkraftwerk in seinem Inneren vergessen haben, neue Brennelemente zu bestellen, wird der Stern ernstlich krank und muß sterben. Zuerst werden die äußeren Wasserstoffschichten verbrannt und der Stern schwillt zu einem Roten Riesen an. Abhängig von seiner Masse kann der Rote Riese dann zu einem Weißen Zwerg, einem Pulsar oder aber zu einer Supernova werden. Der Ausbruch einer Supernova ist ungemein spektakulär, der Stern leuchtet milliardenfach heller als vorher und überstrahlt die ganze Galaxie. Dabei dehnt er sich immer weiter aus, bis von ihm fast nichts mehr übrig bleibt.

Rufen Sie sich Narkissos ins Gedächtnis. Auch er überstrahlte alle anderen Menschen in seiner Schönheit und seinem Hochmut. Wir kennen das in ähnlicher Weise von einer Superdiva, die alle anderen Künstler nicht nur mit ihrer Kunst, sondern auch mit ihren Starallüren in den Schatten stellt. Eine Diva sieht immer blendend aus, steht im Rampenlicht, und ihre Fans umschwirren sie wie die Motten das Licht. Vielleicht ersehen Sie schon aus der

Wortwahl, wie sehr dieses Phänomen mit den Sternen zu tun hat.

Sobald aber das Feuerwerk der Supernova abgebrannt ist, bleibt von dem Stern nicht mehr viel übrig, weil er keine inneren Energien mehr hat. Und so erfüllt sie das Gesetz der machtlosen Allmacht.

Wenn der Stern ausgebrannt ist (medizinisch auch Burn-out-Syndrom genannt), so kann daraus durch einen Gravitationskollaps ein Schwarzes Loch entstehen. Im Inneren eines Schwarzen Lochs ist die Gravitationskraft so unermeßlich gigantisch, daß das Schwarze Loch riesige Mengen an Materie verschlingt und somit das Gesetz der maßlosen Gier erfüllt. Es herrscht ein unvorstellbar großer innerer Druck – so als ob ein Elefant auf einem Reißnagel stehen würde –, und die ganze erkaltete Masse von Milliarden Tonnen zieht sich auf die Größe eines Stecknadelkopfes zusammen. Sehr häufig findet sich so ein Schwarzes Loch im Zentrum einer Galaxis und ist quasi dessen Bermudadreieck.

Und nun erinnern Sie sich an die schöne Nymphe Echo. Als Narkissos sie demütigte, verlor sie alle Strahlkraft, erkaltete und zog sich gekränkt in sich zurück. Was die Geschichte nicht erzählt, ist die alles verschlingende Leere in ihrem Inneren, von der Sie im übernächsten Kapitel »Die großartige Minderwertigkeit« mehr erfahren werden.

Es kommt letztlich darauf an, daß beide, sowohl die Supernova als auch das Schwarze Loch, nicht mehr in einem Beziehungsgleichgewicht stehen, sondern zerstörerisch aufeinander wirken.

Gott und andere Banalitäten

Doch wie wird man zu einer Supernova, zum funkelndsten aller Sterne? Richten Sie Ihr Augenmerk auf das Gesetz der impotenten Allmacht. Schwingen Sie sich auf in den Olymp, werden Sie zum Übermenschen, überschreiten Sie den Rubikon – werden Sie … Gott. Aber »Gott ist tot!«, werden Sie jetzt mit Friedrich Nietzsche einwenden. Nun ja, vielleicht haben Sie recht. Aber wenn dieser Job tatsächlich unbesetzt ist, dann ist Ihre Chance gekommen. Sie wissen doch, daß nur Sie einen Anspruch darauf haben.

Aber passen Sie auf, denn diese Idee hatten schon andere vor Ihnen, die allerdings durch ihr dilettantisches Ungeschick auf der Strecke blieben und ihr Dasein in den psychiatrischen Kliniken fristen mußten. Auch Nietzsche, der den Übermenschen im »Zarathustra« beschwor, erlitt das gleiche Schicksal – Syphilis. Er hätte, als er zum Weibe ging, statt der Peitsche besser ein Kondom mitnehmen sollen.

Also müssen Sie sich anstrengen, möglichst lange im verborgenen zu agieren! Ich kenne jemanden, der seine Omnipotenz auf elegante Weise nur durch eine strahlend goldene Sonne auf leuchtend rotem Grund zur Schau stellt. Er selbst hält sich für den Sonnenkönig Ludwig XIV. und jeder andere ihn für größenwahnsinnig. Obwohl die Qualität seiner Arbeit nur aus maßloser Quantität besteht, sitzt er dennoch als Präsident in vielen wichtigen Weltverbänden. Die Kunst besteht also darin, daß Sie sich für allmächtig und über alles andere erhaben fühlen und Ihre Sonne strahlt, ohne daß zu früh jemand merkt, wie leer und ausgebrannt Sie innerlich sind.

Ihr Ziel ist das grandiose Ich. Sie müssen so begeistert von sich sein, daß Ihnen vor Bewunderung der Mund offen stehen bleibt, wenn Sie sich reden hören. Errichten Sie sich einen Altar, auf den Sie ein Bild von sich stellen oder gleich mehrere. Noch besser, hängen Sie einen Spiegel darüber. Die haben Sie schon alle zerschmettert? Na ja, wenn Sie nicht zu tief hineinschauen, dürfen Sie sich einen leisten.

Gründen Sie einen Fanclub, drucken Sie Autogrammkarten, werden Sie Börsenguru, oder gründen Sie eine Sekte. Versprechen Sie den Menschen Luxus, Liebe, Laster und daß sie alles im Leben haben können, ohne einen Finger dafür krumm machen zu müssen, also ohne rechte Sammlung, Achtsamkeit und Erkenntnis, ohne rechte Rede und Gesinnung, ohne rechten Lebenserwerb, ohne Mühen und Taten. Und ebenso, ohne die Zehn Gebote und das Gebot der Nächstenliebe zu beachten. Verkünden Sie die Gesetze der Unzufriedenheit, nennen Sie sie aber vorsichtshalber die Gesetze der unbeschränkten Liebe, und zocken Sie kräftig ab. Die Hälfte überweisen Sie bitte auf mein Konto.

Wenn Sie erst einmal an der Spitze stehen, können Sie den größten Unsinn machen, ohne daß Sie in die Klapsmühle wandern. Dann haben Sie ein Freilos gezogen, mit dem Sie Millionen Dollar verdienen, Millionen Fanatiker hinter sich versammeln, aber auch Millionen Menschen vernichten können. Ganz nach Ihrem Geschmack.

Die großartige Minderwertigkeit

Das Leben ist ein Drahtseilakt. Deshalb kommt es darauf an, eine gute Balancierstange und sehr starke Nerven zu haben. Wenn ich Ihnen gezeigt habe, wie erfolgreich Sie in vielen Situationen mit Überheblichkeit, Arroganz und größenwahnsinniger Selbstüberschätzung sein können, so ist es jetzt an der Zeit, daß Sie lernen, welche unglaublichen Möglichkeiten sich Ihnen bieten, wenn Sie die Gesinnung beibehalten, sich aber genau entgegengesetzt verhalten und statt der Rolle des Narkissos nun die Rolle der Echo übernehmen.

Falsche Bescheidenheit

Es gilt, im richtigen Moment mit niedergeschlagenen Augen Zurückhaltung zu üben, denn Bescheidenheit ist eine holde Tugend und steht dem Menschen gut zu Gesicht. Insbesondere wenn sie nicht echt ist.

Die Nymphe Echo ist ein schönes Beispiel falscher Bescheidenheit. Was meinen Sie, warum zog sie sich, zutiefst verletzt und gekränkt, zum Singen ihres Klageliedes in irgendwelche Berghöhlen zurück? Sie hätte diesem Schweinehund Narkissos doch berechtigterweise mit aller Entschiedenheit ins Gesicht spucken und ihm ihre Meinung geigen können!

Das Fischmarkt-Syndrom

Ein solches Verhalten wäre aber nicht gerade professionell für ein Schwarzes Loch gewesen! Professionelle Schwarze Löcher schaffen es, riesige Mengen an menschlicher Zuwendung, Tröstung und Mitleid auf sich zu vereinen, indem Sie sich mitten auf den Fischmarkt stellen und brüllen: »Heute stinkende, alte Fische! Leute, kommt und seht! Ich bin schlecht und zutiefst verdorben! Richtig so, daß er mich verlassen hat! Ich bin den Staub nicht wert, den ich fresse, nicht den Dreck, in dem ich mich suhle! Ich bin es nicht wert, geliebt zu werden!«

Das kokett zur Schau getragene Minderwertigkeitsgefühl ist von enormer egozentrischer Potenz. Denn während es manchen Menschen doch irgendwann gelingt, sich dem Einfluß eines Sektengurus oder Größenwahnsinnigen zu entziehen, ist gegen die Gravitationskraft schuldhafter Minderwertigkeit kein Kraut gewachsen. Geheuchelte Demut ist die kongenialste Form des Hochmuts. Taktisch angewandt, macht sie jedes Schwert Ihres Gegners sofort stumpf. Während er noch vergeblich versuchen wird, mit diesem Schwert den Gordischen Knoten Ihres Kommunikationsdickichtes zu zerschlagen, den Sie mit viel Geschick geknüpft haben, sind Sie ihm schon meilenweit voraus. Jeder, der sich in dieses Bermudadreieck begibt, wird davon auf Nimmerwiedersehen verschlungen. Fängt er erst einmal an zu beteuern, daß Sie doch in Wirklichkeit ein wundervolles Geschöpf seien, gut und wertvoll, haben Sie ihn an der Angel. Und dieser Angelhaken bohrt sich immer tiefer ins Fleisch. Wir werden noch näher darauf eingehen.

Weit besser als nur zu behaupten, man sei ein Stück Dreck, ist die Überzeugung, daß man es wirklich ist. Das Gesetz des sinnlosen Leids verlangt, daß man erleidet, was man haßt. Man muß also abgrundtief hassen, um leiden zu können. Und nichts ist verzehrender als der Haß gegen sich und seine Minderwertigkeit.

Sie sind nun schon nah an der Überzeugung dran, ein Schwarzes Loch, ein Nichts, ein Niemand und völlig wertlos zu sein. Sie kennen doch inzwischen die Methoden, nur das Schlechte zu sehen! Mit den folgenden Glaubenssätzen, einem Fischmarktbeispiel, etwas Übung und dem richtigen Wortschatz wird Ihnen das rasch gelingen.

Glaubenssätze

1. Ich bin wertlos und verdorben.
2. Ich richte nur Unheil an.
3. Mein Leben hat keinen Sinn.
4. Es hat sowieso *alles* keinen Sinn.
5. Keiner mag mich.
6. Jeder lehnt mich ab.
7. Alle wollen mir immer nur weh tun.
8. Ich muß auf der Hut sein.
9. Ich muß anderen zuvorkommen und ihnen weh tun, bevor sie mir weh tun.
10. Zurück zu 1. und von vorne bitte!

Klagen, jammern und bedauern

Hätt' ich tausend
Arme zu rühren!
Könnt ich brausend
Die Räder führen!
Könnt ich wehen
Durch alle Haine!
Könnt ich drehen
Alle Steine!
Daß die schöne Müllerin
Merkte meinen treuen Sinn!

Ach, wie ist mein Arm so schwach!
Was ich hebe, was ich trage,
Was ich schneide, was ich schlage,
Jeder Knappe tut mir's nach.
Und da sitz ich in der großen Runde,

In der stillen, kühlen Feierstunde.
Und der Meister sagt zu allen:
Euer Werk hat mir gefallen;
Und das liebe Mädchen sagt
Allen eine gute Nacht.

(Wilhelm Müller: »Am Feierabend«)

Ach je, der arme Bursche, werden Sie denken. Es ist aber auch zu dumm, daß er keine tausend Arme zum Rühren und Führen, Wehen und Drehen hat. Und er besitzt nicht einmal einen reichen Vater, einen feuerroten Porsche oder andere wertvolle Insignien der Macht. Das sind wirklich viele gute Gründe, um zu klagen.

Und zu allem Überfluß ist das liebe Mädchen noch nicht einmal Hellseherin, um ihm seine Wünsche und sein Liebesbegehren direkt von den Augen abzulesen oder, noch besser, gleich seine Gedanken zu lesen. Der Bursche gehört zu den Profis der Unzufriedenheit und bejammert seinen unabänderlichen Zustand, der ihm vom ungerechten Schicksal zugedacht ist.

Zu Recht. Der Gedanke wäre doch schön, daß solch ein liebes Mädchen (oder ein Bursche) Sie um Ihrer selbst willen lieben könnte, auch wenn Sie nicht stärker, größer, schöner oder intelligenter als alle anderen sind. Sie oder er würde Sie dann ja als Subjekt, als einmaliges Individuum mit ganz besonderen Charakterzügen und Eigenheiten wahrnehmen.

Nicht wie ein teures Juwel, sondern wie ein am Strande aufgehobener Stein, der kostbar und wertvoll ist, weil es eben genau dieser und kein anderer Stein ist, läge Ihr Wert einzig und allein in Ihrem Sein als Mensch.

Aber das ist doch absurd! Haben wir nicht gelernt, daß wir uns Liebe hart erarbeiten und erkämpfen müssen?

Wenn Sie auch zu denen gehören, deren Eltern immer gesagt haben »Unser Rainer-Maria war immer ein ganz besonders liebes und braves Kind«, wenn Sie also zur Gruppe der Überangepaßten gehören, dann wissen Sie, wie subtil, aber zielsicher Liebesentzug den Lebensnerv tötet.

Denn wenn Sie gelegentlich nicht brav waren, indem Sie Ihren eigenen Willen demonstrierten, wurde Ihnen schon unmißverständlich klargemacht, daß das nicht erwünscht war. Zielsichere Methoden sind, dem Kind auf keinen Fall zu erklären, warum man als Eltern mit den Wünschen des Kindes nicht übereinstimmt, sondern statt dessen mit »Papa ist aber traurig, weil du immer so böse bist« oder einfach konsequent mit unversöhnlichem Schweigen und sorgenvollen Blicken zu reagieren. Weniger subtil, aber höchst wirkungsvoll ist jede Form von Schlägen.

Wahrscheinlich gehören Sie dann auch zu der Gruppe der sensitiven Gemüter, die sich so etwas sofort zu Herzen nehmen und mit der Zeit die Überzeugung entwickelt haben: »Meine Eltern sind die Größten. Wenn nun meine Eltern mich nicht lieben, weil ich bin, wie ich bin, dann muß das bedeuten, daß ich in Wirklichkeit schlecht bin.« Wenn Sie das öfter erlebt haben, ist Ihr Urvertrauen flöten gegangen, und Sie werden heute ein perfekter Beziehungsvermeider sein.

Nun könnte man die Meinung vertreten, daß sich Kinder und Menschen doch ein klares Urteil bilden können und erkennen, daß die Eltern, der Partner, der Chef und so weiter im Unrecht sind. Weit gefehlt! Erinnern Sie sich an unsere Trampelpfade im Gehirn. Sie helfen uns zuverlässig, das Gefühl der eigenen Minderwertigkeit zutiefst in der Persönlichkeit verankert zu lassen und andere auf den Thron der Allwissenheit zu setzen. Und je früher das geschieht, um so besser. Wenn Sie zu meinen ein bis sechs Jahre alten Lesern gehören, werden Sie diese Lektion sehr schnell lernen. Gehören Sie zu den älteren Lesern mit minderbemittelter Lernfähigkeit, so trainieren Sie hart und geben Sie wenigstens Ihren Kindern die Chance zu früher Meisterschaft.

Mögen hätt' ich schon wollen

Mit dem Satz »Mögen hätt' ich schon wollen, aber dürfen hab ich mich nicht getraut« zeigt uns das Münchener Original Karl Valentin einen kongenialen Weg. Um die wahre Stärke dieses Satzes zu verstehen, müssen wir in die tiefen Keller der Sprachwissenschaft hinabsteigen.

Kleine Sprachschule, 1. Teil

»Die Sprache ist das Haus des Seins.« (Martin Heidegger)

Fast jede indoeuropäische und semitische Sprache hat neben den echten Tätigkeitswörtern wie klagen, jammern und bedauern oder lügen, ärgern und quälen einige Tätigkeitswörter, die eigentlich gar nicht tätig sind, sondern nur so tun, als ob. Das ist ziemlich raffiniert und erinnert Sie möglicherweise an Ihre persönlichen Erfahrungen mit »dem typischen Beamten«.

Bei den untätigen Tätigkeitswörter gibt es wiederum zwei Gruppen. Zum einen die Hilfsverben »haben« und »sein« und zum anderen die Modalverben.

Während die deutsche Hochsprache mit den Modalverben »müssen«, »sollen«, »wollen« sowie »können« und »dürfen« auskommt, finden wir im Italienischen immerhin noch »sapere« (etwas wissen) und im Englischen die interessanten Umschreibungen »can« und »need« sowie das nette Wort »like«. Aber auch im Deutschen gibt es den seltener gebrauchten modalen Edelstein »mögen«.

Die Aufgabe der untätigen Tätigkeitswörter ist es, beim Tun oder Machen ihren Senf dazuzugeben, vergleichbar mit Chefs oder Politikern, die auch immer genau wissen, was und wie etwas zu tun ist, ohne selbst jemals etwas getan zu haben.

Ich verrate Ihnen noch ein Geheimnis: Die Modalverben sind die Koordinaten Ihres Gedankenuniversums! Sie beschreiben nicht nur die Art und Weise, wie Sie etwas tun, sondern, gezielt eingesetzt, bestimmen diese auch die Art und Weise Ihres Denkens, Ihrer Wahrnehmung und Bewertung und damit, wie Sie sich fühlen und handeln! Als Knotenpunkte Ihres geistigen Intranets können Sie mit diesen wenigen Worten ein Netz knüpfen, in dem Sie sich selbst heillos verfangen.

Während die Untätigkeitswörter im allgemeinen in Symbiose mit ihrem Wirts-Tätigkeitswort leben, richten sie ihn gelegentlich aber auch zugrunde wie ein Schmarotzer. Der häufigste Schmarotzer ist das Wort »müssen«.

Müssen muß ich, wenn mir eine geheime unbekannte Macht befiehlt, etwas zu tun, was ich selbst eigentlich gar nicht will. Dieses kleine Wörtchen erlaubte mir, eine siebenjährige Beziehung, die erschreckend befriedigende Anteile hatte, gekonnt zu Tode zu reiten. Nicht nur, daß ich Medizin studieren und lernen mußte – ich mußte auch zu netten Einladungen und in die Oper gehen und gelegentlich größere Menüfolgen in unserem Lieblingsrestaurant zu mir nehmen. Außerdem mußte ich in dauernder Harmonie leben, weil meine inneren Hausmitbewohner sich nicht auseinandersetzen wollten. Mein Leben war ein einziges Muß, und ich war der Knecht all dieser müßigen Dinge.

Wenn wir etwas müssen, löst das sofort ein befreiendes Gefühl von Unfreiheit aus. Erleben Sie den gewaltsamen Zwang und die Ohnmacht – es ist großartig. Sie können leiden, ohne Verantwortung dafür tragen zu müssen. Die armen Engländer dürfen das nicht, denn sie ersetzen das Wörtchen »must« meist durch »have to« und in der Verneinung durch »needn't to«. Das legt die Vermutung nahe, daß die englische Seele aus ihrer historischen Vergangenheit noch heute von ihrer Allmacht überzeugt ist und keine geheimen, unbekannten Mächte akzeptieren darf.

Sollten Sie ein Herkunftswörterbuch zur Hand nehmen, so werden Sie verwirrt lesen, daß »müssen« auch im Deutschen ursprünglich im Sinne von »Muße haben, sich etwas zugemessen haben, Zeit, Raum, Gelegenheit haben, um etwas tun zu können« benutzt wurde. Das hieße, wir hätten uns eigenverantwortlich die Grube gegraben, in die wir anschließend hineingefallen sind!

Um uns mit dieser Überlegung nicht weiter beschäftigen zu müssen, wenden wir unsere Aufmerksamkeit sogleich dem Wörtchen »sollen« zu.

Sollen soll ich, wenn die geheime unbekannte Macht an mich die ungerechtfertigte Erwartung stellt, etwas zu tun.

Auch beim Sollen haben Sie die Möglichkeit, sich ganz fremdbestimmt zu erleben, nur leider nicht ganz so sehr wie beim Müssen, weil Sie immer noch einen gewissen Erwägungs- und Handlungsspielraum haben. Wenn Sie etwas tun sollen, können Sie immer noch denken: Na ja, es wäre in dieser Situation zwar geboten, aber ich werde es mir noch einmal überlegen. Wenn die geheime Macht zum Beispiel das Finanzamt ist, wird manch zögernder Zauderer unter dem Damoklesschwert des »Steuern-zahlen-Sollens« plötzlich zum entscheidungslustigen Gesellen. Vom Reisefieber gepackt, verbringt er seinen Urlaub in der Schweiz, in Luxemburg oder auf den Bahamas.

Damit sitzen Sie aber in der Zwickmühle der Verantwortung, weil Sie letztlich doch zumindest mitentscheiden und sich damit auch mitschuldig machen. Und tatsächlich versteckt sich im alten Wortstamm das Wörtchen »Schuld«, und »sollen« heißt eigentlich »jemandem verpflichtet oder etwas schuldig sein«. Es ist also möglich, daß sich irgend jemand erdreistet, etwas von Ihnen zu erwarten, das Sie ihm schuldig geblieben sind.

Sie sollten diese Erwartung nicht erfüllen, denn letztlich ist er oder sie doch selbst schuld, wenn er Ihnen etwas gegeben oder geliehen hat! Er hat nämlich das Gesetz der fordernden Ablehnung mißachtet.

Dürfen darf ich, wenn mir die geheime unbekannte Macht erlaubt, etwas zu tun, egal ob ich will oder nicht.

Erneut haben Sie es nicht in der Hand! Jemand muß Ihnen zuerst die Legitimation für Ihr Handeln erteilen, und jedes Zuwiderhandeln erzeugt sofort Schuldgefühle. Deshalb empfehle ich Ihnen, möglichst alles zu tun, was Sie nicht dürfen.

Können kann ich, wenn die geheime unbekannte Macht die Umstände geschaffen hat, daß ich etwas tun kann – auch wenn ich gar keine Ahnung davon habe.

Ursprünglich bezeichnete »können« auch das geistige Vermögen, die Fähigkeit und das Wissen um etwas (im Sinne des italienischen »so cantare« – »ich weiß zu singen, ich kann singen«) sowie das Verstehen (»er versteht zu leben«). Daß im Deutschen nicht mehr zwischen dem persönlichen Vermögen und den Rahmenbedingungen unterschieden wird, zeigt uns einmal mehr, daß ein Deutscher prinzipiell alles kann. Geschichte versteckt sich in der Sprache. Womit bewiesen wäre, nicht die Deutschen, sondern die deutsche Sprache war an allem schuld.

Wollen will ich, wenn mein Wille ja sagt.

Wenn Sie etwas wollen, haben Sie scheinbar ein klares Ziel vor Augen. Die indoeuropäische Wurzel beinhaltet neben »wollen« auch die Wörter »wählen« und im verwandten Sinne »Wunsch«. Das klingt nach sehr viel eigener Beteiligung und Verantwortung, weil von Ferne das Bewußtsein winkt. Wollen muß aber natürlich noch gar nicht heißen, daß Sie selbst von Ihrem Willen wissen und sich Ihres Willens bewußt sind. Tatsächlich wissen über achtzig Prozent aller Menschen nicht, was sie eigentlich wollen, und erschließen dies rückblickend aus ihrem Handeln. Das macht die Werbung so erfolgreich. Schließen Sie sich einfach der Mehrheit an! Dann wird Ihr geheimnisumwobenes triebhaftes Es auch in Zukunft mit Ihnen machen, was Es will.

Mögen mag ich, wenn mir etwas sympathisch ist.

Anscheinend sind sich aber nur noch die Bayern so recht darüber bewußt, was Ihnen sympathisch oder unsympathisch ist, denn nur dort hören Sie noch öfter »I mog ned« (was soviel heißt wie: »das geht mir gegen den Strich, laß mich in Ruhe«) oder »I mog a Bia« (hier wird das Bedürfnis fast schon zum Befehl).

Während das Wort »mögen« ursprünglich bedeutete, etwas zu »können« oder zu »vermögen«, sagt der Hochdeutsche heute: »Ich möchte nicht zur Vorstandssitzung.« Er unterwirft sich aber sogleich wieder der geheimen, unbekannten Macht, die ihn zwingt, trotzdem hinzugehen. Die Engländer und Italiener drücken ihr Wohlbehagen dagegen sehr deutlich aus. Das englische »like« steht dann im Sinne von »enjoy« oder »choose«, und das italienische »mi piace« heißt »es gefällt mir«.

»Können« (wissen), »wollen« und »mögen« sind Ausdruck Ihres Vermögens und vermögen auszudrücken, ob Sie voller Lust und mit Begeisterung an die Sachen herangehen. Die Worte »müssen«, »sollen« und »dürfen« entscheiden darüber, ob Sie jene auch nutzen und ausleben dürfen oder gar vermeiden oder verdrängen müssen.

Während »müssen« ursprünglich etwas mit eigener Entscheidung und Verantwortung zu tun hatte, »können« mit geistigen Fähigkeiten und »wollen« mit Bewußtsein, sehen wir uns heute in der Hand einer dunklen, unbekannten Macht oder übertragen die Verantwortung auf die Ehefrau, den Chef, die Lehrerin oder den lieben Gott und die äußeren Rahmenbedingungen. Letztere ließen sich häufig mit dem entsprechenden Willen recht einfach verändern und gestalten, doch wären Sie dann schöpferisch tätig und trügen auch noch die Last der Verantwortung! Bedenken Sie dies genau, bevor Ihnen in einem schwachen Moment die Wörtchen »Ich will« entfleuchen. Erwägen Sie, sie aus Ihrem Wortschatz zu streichen oder sie nur in ausgesuchten Situationen einzusetzen.

Das Gefühl, keinerlei Einfluß auf eine Situation zu haben und statt dessen leidend verharren zu müssen, ist eine der Grundvoraussetzungen für eine schwere Depression. Einige Psychotherapeuten sehen es als ihre zentrale Aufgabe, diese Wahrnehmungsmuster zu verändern und dem

Patienten neue Bewertungs- und Handlungsoptionen aufzuzeigen. Was ich davon halte, ist Ihnen doch wohl hoffentlich klar!

Damit kommen wir zum Schluß wieder zum Anfang: »Mögen hätt' ich schon wollen, aber dürfen hab ich mich nicht getraut.« Valentin hatte die positive Einstellung und im Ansatz auch den Willen zum Willen, aber nicht den Mut zur Erlaubnis. In diesem Satz steckt noch eine Raffinesse, die ich Ihnen schon gern verraten mögen wollt', mich aber erst in der kleinen Sprachschule, 2. Teil dürfen trau'. Probieren Sie es selbst aus.

Übung: Sie sind einmal wieder unentschlossen, was Sie im Urlaub eigentlich so recht *wollen* oder *mögen*. Deshalb sagt man Ihnen im Reisebüro, daß Sie mit einem Last-Minute-Angebot in eine Hotelburg nach Lanzarote fliegen *sollen*. Sie fliegen. Dort rattert den ganzen Tag der Preßlufthammer vor Ihrem Fenster, was so sein *muß* und worüber Sie sich laut dem Kleingedruckten in Ihrem Vertrag auch nicht beklagen *dürfen*.

Wer A sagt, *muß* auch B sagen. Dieser logische Schluß begründet sich in den Gesetzen des unkontrollierten Urvertrauens und der perfekten Zukunft und prägt Ihr Denken vorhersagbar. Natürlich werden Sie im nachhinein diesen Urlaub großartig finden (ihn also *mögen*) und allen Ihren Freunden empfehlen *müssen* – da es ja Ihr freier Wille und Ihre Entscheidung waren, *müssen* Sie es auch *gewollt* haben. Sie werden in Teufels Küche kommen, wenn Sie denken, wer A sage, *müsse* noch lange nicht B sagen und *könne* statt dessen A revidieren. Sie *müßten* sich dann nämlich einen Fehler eingestehen und verstießen gegen das Gesetz der machtlosen Allmacht und Ihren Unfehlbarkeitsanspruch!

Das Prinzip Hoffnungslosigkeit

Versuchen Sie es mit einer Variante des »Prinzips Hoffnung« des deutschen Philosophen Ernst Bloch. Er postulierte, daß Utopie und Hoffnung zu den wesentlichen Motiven allen menschlichen Denkens und Handelns gehören, wobei er die Utopie aber nicht als einen bestimmten Idealzustand auffaßte.

Auch wenn Bloch etwas ganz anderes meinte, sollten Sie einfach daraus ableitend hoffen, daß alles besser wird, ohne daß Sie irgend etwas dazu beitragen müssen. Das haben Sie doch gar nicht nötig, dafür sind die anderen da. Definieren Sie ein unerreichbares utopisches Ideal Ihrer Zukunft, ein Paradies, wo Ihnen die gegrillten Schweine fein säuberlich tranchiert direkt in den Mund fliegen! Sollte es zufälligerweise nicht eintreten, haben Sie allen Grund, unzufrieden zu sein.

Entscheidend bei dieser Art von Hoffnung ist, daß sie sich auf Grund unerfüllbarer Prämissen zu hundertprozentiger Hoffnungslosigkeit verkehrt. Damit laufen Sie nicht Gefahr, zum Optimisten zu werden, denn mit der Hoffnungslosigkeit beginnt der wahre Optimismus.

Zum Prinzip Hoffnungslosigkeit ein kurzes Beispiel: Ein Mönch, dessen Frömmigkeit nie so recht überzeugte, wurde von seinem Abt einmal gefragt, warum er eigentlich dem Orden beigetreten sei. Er gab ihm die überraschende Antwort, der Grund sei, daß er keinen Erfolg bei Frauen gehabt habe. Auf die Nachfrage, warum das so gewesen sein, erwiderte er, Frauen hätten etwas gegen Männer, die ins Kloster wollten.

Was dieser Mönch uns mit seiner himmlischen Logik nahebringt, läßt sich folgendermaßen »übersetzen«:

Weil die Angst des Menschen viel stärker ist als seine Bedürfnisse, handelt der Mensch nicht etwa so, daß es ihm gut geht, sondern so, daß es ihm nicht schlecht geht.

Das heißt, wir gehen den Weg des geringsten Widerstandes. Lieber vermeiden wir es, den Partner fürs Leben zu finden oder die Wunder der Natur für uns zu entdecken, als das Risiko einzugehen, durch die Öffnung für das Unbekannte uns möglicherweise mit eigenen Unzulänglichkeiten und Schwächen auseinandersetzen zu müssen.

Übung: Wenn Sie unter der fixen Idee leiden, daß Sie keinen Erfolg bei Frauen oder Männern haben, weil Sie zu klein oder zu groß, zu dick oder zu dünn, zu intelligent oder zu dumm sind, dann sollten Sie weder versuchen, mit Sport, hohen Absätzen oder einem Besuch der Volkshochschule etwas an diesem Zustand zu ändern noch sich um ein realistisches Selbstbild zu bemühen.

Vermeiden Sie jede Möglichkeit, jemanden kennenzulernen und Ihrem Bedürfnis eine Chance auf Befriedigung zu geben. Es besteht nämlich die Gefahr, daß ein Vertreter des anderen Geschlechts Ihre Hypothese nicht bestätigt und Sie ausgesprochen nett und attraktiv findet, was zur Folge hätte, daß augenblicklich das Damoklesschwert einer zufriedenen und glücklichen Zukunft über Ihnen hinge. Sollte sich Ihre Hypothese hingegen bestätigen, weil Sie einfach nicht sein Typ sind, müßten Sie wohl vom nächsten Fernsehturm springen.

Verschanzen Sie Sich deshalb lieber hinter Ihrer Arbeit, vielerlei Verpflichtungen oder romantischen Idealvorstellungen und warten Sie darauf, daß Sie von einem mutigen Prinzen auf einem edlen Rappen oder einer reizenden

Prinzessin aus Ihrem Dornröschenschlaf wach geküßt werden.

Fazit: Nach dem Gesetz des sinnlosen Leids geht es darum, daß Sie erleiden, was Sie hassen. Also verwenden Sie Ihre Energien nicht darauf, ein erreichbares Ziel ins Auge zu fassen, sondern hassen Sie Ihre Situation, die Tatsache Ihres Alleinseins, sich selbst und alle Frauen oder Männer, die den Weg in Ihr Dornenschloß nicht finden oder scheuen. Das klingt viel schwerer, als es ist.

Kleine Sprachschule, 2. Teil

»Die unmittelbare Wirklichkeit des Gedankens ist die Sprache.« (Karl Marx)

Das Gesetz der perfekten Zukunft verlangt, die Zukunft im Geiste bereits geplant und vollendet zu haben, was in letzter Konsequenz bedeutet, mit dem Leben schon abgeschlossen zu haben. Dieses Gesetz vereint die Begriffe »perfekt« und »Zukunft«. »Perfekt« heißt »vollkommen«, »vollendet« und »abgemacht« und bezeichnet in der Grammatik die zweite Vergangenheit, die auch abgeschlossene Gegenwart genannt wird. Die Zukunft ist das, was auf uns zukommt, also hinter der nächsten Ecke auf uns lauert. Daraus können wir zwei wichtige Techniken ableiten.

1. Das Gesetz verlangt, daß wir die Gegenwart meiden sollen. Das ist ganz einfach, indem wir immer zum falschen Zeitpunkt am falschen Ort sind. Verpflanzen Sie die Vergangenheit mit folgenden Sätzen in die Zukunft: »Was ich gestern nicht konnt' besorgen, das gelingt mir auch nicht morgen«, oder: »Was dir gestern machte Sorgen, das verschiebe doch auf morgen.« Diese Wahlsprüche garan-

tieren Ihnen mit Hilfe des gestern erfahrenen Leides die Vorfreude auf das Leid von morgen.

2. Eine perfekte Zukunft ist grammatikalisch das Futur II, eine Zeit, die zwar noch vor einem liegt, aber dennoch bereits abgeschlossen ist! Verstehen Sie das? Das lateinische Wort »futurus« bedeutet eigentlich »etwas, das gewesen sein wird«. Ist das nicht interessant?

Indem ich schreibe, Sie werden diesen Absatz in zehn Sekunden gelesen haben, beschreibe ich eine in der Zukunft bereits vollendete Handlung, indem ich vorhersage, wie die Gegenwart – von der Zukunft aus gesehen – gewesen sein wird. Sie mögen behaupten, das könnte ich gar nicht, denn sonst wäre ich ein Hellseher. Bitte, schauen Sie auf Ihre Uhr, die zehn Sekunden sind um. Natürlich hätten Sie unfair sein und im letzten Satz einfach einen Schlaganfall bekommen können, aber da Sie immer noch loyal lesen, erleben Sie gerade, wie etwas, daß noch vor fünfzehn Sekunden ein Zukunftsszenario war, jetzt bereits zur Vergangenheit geworden ist. In der Kognitionspsychologie wird zwar davon ausgegangen, daß die Empfindung der Gegenwart eine Zeitspanne von etwa zwei Minuten umfaßt, aber dann hätte ich jetzt zwei Seiten lang um den heißen Brei schreiben müssen.

Übung: Formulieren Sie Sätze wie: Sicherlich werde ich morgen wieder verprügelt worden sein. – Natürlich wird sie mein Liebesgedicht wieder ausgelacht haben. – Jedesmal werde ich Trottel den Fehler aufs neue begangen haben. – Auch nächste Woche um die Uhrzeit werde ich wie immer den Zug verpaßt haben.

Worauf es beim gekonnten Jammern ankommt, ist das unabänderliche Schicksal. Und das erreichen Sie in der Sprache noch besser durch Konditionalsätze, die auch Wunschsätze genannt werden und sich des Konjunktivs bedienen. Ach, wenn wir nur alle keine Wünsche, Bedürfnisse und Hoffnungen hätten, dann müßten wir nicht ständig gegen ihre Verwirklichung mit diesen komplizierten Methoden der Sprache ankämpfen. Doch leider …

Was sagte noch der Müllersbursche? »Hätt' ich tausend Arme zu rühren! Könnt ich brausend die Räder führen! … Ach, wie ist mein Arm so schwach!«

Natürlich wird er niemals die brausenden Räder führen, weil die Wahrscheinlichkeit, daß er plötzlich tausend Arme bekommt, relativ gering ist. Geschickt inszeniert er eine irreale Situation, die folgenlos bleiben muß, weil die Vorbedingungen so gewählt sind, daß sie unerreichbar sind. Natürlich können Sie einwenden, das sei durchaus erreichbar, und nichts sei ganz unmöglich. Klar, er könnte sich als Zauberlehrling versuchen oder Klon-Experimente machen, um die fehlenden 998 Arme zu beschaffen. Bleiben Sie auf dem Teppich! Sie sind ihm schon wieder auf den Leim gegangen und versuchen, seine Probleme zu lösen. Kapieren Sie nicht, daß das gar nicht sein Ziel ist, sondern seine Masche? Er will leiden, und alle anderen sollen das Gefühl haben, schuld an seinem Unglück zu sein.

Die Methode ist simpel. Damit er niemals die brausenden Räder führen kann, muß das gewünschte Ergebnis unausweichlich an diese einzige Bedingung, tausend Arme zum Rühren zu haben, geknüpft bleiben und dadurch jede Alternative von vornherein ausgeschlossen werden. Es sind also im Nebensatz die Bedingungswörtchen »falls«, »sofern« und »wenn« und im Hauptsatz ihre Korrelate »dann« und »so« nötig. Wilhelm Müller versucht uns hereinzulegen, indem er gerade diese Wörtchen ausläßt und sie zwischen den Zeilen schweben läßt.

Um Ihre Verzweiflung richtig deutlich zu machen, sparen Sie bitte nicht mit den Worten »ach«, »doch«, »nur« und »schon«.

Ach, wie ist mein Arm so schwach ...

Ich selbst bin Spezialist dieser Konstruktionen und lasse Sie einen Blick in meine Trickkiste werfen. Jeden Morgen, wenn ich mich alleine aus meinem Bett wälze und meine unausgeschlafenen dreieinhalb Zentner ins Bad vor den Spiegel schleppe, stöhne ich laut: »Ach, hätte man mir doch vor zwölf Jahren nur nicht meine schönen Joggingschuhe geklaut, oh, hätte mir der liebe Gott doch nur ein paar mehr Haare gelassen ...« Anschließend folgt das Ritual der tiefen Trauer um meine vor dreizehn Jahren abgesagte Aufnahmeprüfung an der Musikhochschule, wo ich mich nach meinem siebenundzwanzigsten Geburtstag noch einmal beworben hatte, aber das grausame Schicksal die Altersgrenze auf sechsundzwanzig festgelegt hatte. So erliege ich einer von der bösen Natur und dem unbarmherzigen Schicksal verursachten schweren Depression und verbringe den Tag damit, die Berge und Täler meiner Rauhfasertapete zu zählen.

Nicht etwa, um es auf die Spitze zu treiben, sondern um es richtig ordentlich perfekt, made in Germany, zu machen, möchte ich eine neue grammatikalische Konstruktion aus Futur II, Konditionalsatz und Konjunktiv II vorschlagen, das »Perfectum optionalis II«. Anbei zwei Beispielsätze:

»Ach, würde ich nächstes Jahr schon gestorben sein dürfen.«

»Ich wünschte, daß sie sich von mir geschieden haben werden würde.«

Sackgassen und Einbahnstraßen

Wie Sie die Gegenwart durch die stetige Beschäftigung mit der Vergangenheit oder einer perfekten Zukunft negieren können, haben Sie im letzten Kapitel gelernt. Doch auch die Beschäftigung mit der Gegenwart birgt ein großartiges Unzufriedenheitspotential, das wir mit den Bildern von Sackgassen, Einbahnstraßen oder Scheuklappen treffend umschreiben können. Wir können nämlich die bunte Vielfalt der Möglichkeiten, die sich in der Gegenwart offenbaren, durch gekonnt falsche Zielvorgaben (Scheuklappen) derart einschränken, daß unsere Gegenwart nur noch hassenswert ist, und erfüllen damit das Gesetz der fordernden Ablehnung. Fordern Sie von sich selbst die exakte Ausführung Ihres Plansolls und vom Leben, daß es Ihnen alle Ihre Forderungen erfüllt!

Wie Sie in Ihrer Kindheit gelernt haben, ist Leistung das oberste Prinzip, und das ist gut so. Glauben Sie nicht, Leben hätte etwas mit Freude und Spaß zu tun, denn Leben ist bitterer Ernst. Je ernster, um so bitterer und umgekehrt! Sie gehören hoffentlich nicht zu diesen windigen Burschen, die dem Alltag Freude und kleine persönliche Erfolge abringen? Wenn doch, so halten Sie sich ab jetzt an den Grundsatz: Hohe Ziele sind hehre Ziele! Und Sie haben einen Anspruch auf sofortige Verwirklichung.

Um den Karren in den Dreck zu ziehen, reicht es nicht aus, einfach nur zu jammern. Natürlich kann die Sprache uns dabei sehr hilfreich sein, aber wir müssen allmählich zur Tat schreiten. Machen wir uns dabei klar:

Man kann nicht nicht handeln!

Denn auch das Nichthandeln hat weitreichende Konsequenzen.

Versuchen wir uns nun als Stadtplaner. Das oberste Gebot sollte ein optimal gehemmter Verkehrsfluß sein, damit die Verkehrsteilnehmer möglichst unzufrieden sind. Als erste Maßnahme zur Verkehrsberuhigung schaffen wir also möglichst viele Sackgassen.

Vergleichen wir das mit unserer Lebensplanung. Je beschränkter Ihre Lebensziele sind, um so unzufriedener werden Sie sein. Noch erfolgreicher sind Sie, wenn Sie Ihre Lebensziele durch andere definieren lassen, die sich durch Sie verwirklichen wollen, unabhängig davon, ob Sie selbst Lust dazu haben oder Ihre Ideen und Träume darin wiederfinden.

Erinnern wir uns an das Spieglein an der Wand und das Phänomen der Projektion. Ebenso wie wir uns in anderen Menschen wiederfinden wollen, wollen jene ihre Wünsche in uns verwirklicht sehen. Welcher begeisterte Hobbysänger träumt nicht davon, seine Tochter als berühmte Diva im Rampenlicht zu sehen, welche tennisbegeisterte Mutter wünscht sich als Sohn nicht einen zweiten Boris Becker, um die eigenen unerfüllten Wünsche in ihrem Ableger, im eigenen Sproß, in der erweiterten Form des eigenen Ich zu erfüllen? Im Berufsleben und im Freundeskreis ist es nicht anders.

Also fahren Sie zielstrebig in die für Sie ausgesuchte Einbahnstraße. Auch, wenn Sie von dem Gedanken an ein Leben als Feuerwehrmann oder Ärztin erfüllt sind, beugen Sie sich dem Gesangsunterricht, mit dem Ziel, die Leonora oder den Alvaro in sechs Monaten an der Metropolitan Opera zu singen, bis Sie krächzen wie ein Rabe. Auch wenn Sie merken, daß Sie nicht weiterkommen, halten Sie um jeden Preis an diesen einmal gesteckten Zielen fest und geben Sie Vollgas, bis Sie mit der Nase an der Betonmauer kleben.

Als zweiter Streich folgt ein raffinierter Schachzug, den uns erst einmal einer nachmachen soll. Flink machen wir die Sackgasse nämlich zusätzlich noch zur Einbahnstraße, und schon sitzt die Maus in der Falle: Es gibt kein Entkommen mehr. Vorne ist eine Mauer, umkehren ist nicht erlaubt, und von hinten drängen alle anderen nach, die genauso schlau sind wie wir.

Sollten Sie einmal in Wien sein, so lassen Sie sich auf keinen Fall das Vergnügen entgehen, diese wundervolle Stadt mit dem Auto zu erkunden. Besonders gastfreundlich ist das Verkehrskonzept im Innenstadtbereich gestaltet. Auch ohne den Minotaurus zu suchen, werden Sie sich im Labyrinth der Einbahnstraßen zielsicher verheddern. Wenn Sie nach Stunden verzweifelten Umherirrens mit den Hufen scharren, Ihre Nüstern beben und das Einbahnstraßenzeichen zum roten Tuch geworden ist, hilft Ihnen nur noch ein stierwütiger Tobsuchtsanfall, um in einer spektakulären Aktion alle Kräfte zu konzentrieren und entgegen der Fahrtrichtung einen Durchbruch zu schaffen.

Und die Moral von der Geschicht? Verschließen Sie sich den Zeichen der Zeit und hören Sie nicht auf die Stimme Ihres Herzens. Falls Ihnen eine innere Stimme zuflüstert »Hier entlang, *das* ist *dein* ureigenster persönlicher Lebensweg«, hören Sie nicht hin! Dahinter verbergen sich die geheimen dunklen Mächte aus der Tiefgarage des Unbewußten, die Ihnen einzureden versuchen, daß Sie sich mit Ihren echten Fähigkeiten in den Dienst einer Sache stellen könnten. Für Sie darf es nur einen Weg geben – durch die Einbahnstraße mitten ins Zentrum der Macht und im Notfall auch über Leichen.

Das ORAKEL-Prinzip

Einige wundervolle Beispiele für Einbahnstraßen sind Horoskope, Prophezeiungen und Orakel. Einerseits eignen sie sich, ähnlich wie das Schicksal, sehr gut als Sündenböcke, weil man ihnen alle Verantwortung für das eigene verkorkste Leben unterschieben kann, andererseits zeichnen sie sich gegenüber dem Schicksal dadurch aus, daß sie einen nicht urplötzlich und zufällig überfallen, sondern das unabwendbare Unheil im voraus ankündigen, so daß man sich auf dessen Erfüllung voll und ganz konzentrieren kann.

Momentane Unzufriedenheit mag für manch einen, der schnell zufriedenzustellen ist, ein angemessenes Ziel sein, ist aber für »Profis« langfristig nicht befriedigend unbefriedigend.

Im Sinne der perfekten Zukunft sollten Sie die Weichen frühzeitig auf einen Kurs stellen, der Ihnen langfristig den höchsten Profit an Unzufriedenheit bescheren wird. Eine ausgezeichnete Möglichkeit bieten spezielle langfristige Kapitalanlagen in Form von »Sparplänen« und »Rentenfonds«. Ich habe mich deshalb an Dr. Teiresias, den weltbekannten Spezialisten für Vergangenheitsanalysen und Zukunftsszenarien der Thebener Kreditanstalt, mit der Bitte um Beratung gewandt. Er schrieb mir folgenden Brief:

Thebener Kreditanstalt
Dr. T. Teiresias
Zweigstelle Delphi

Sehr geehrter Leser des Handbuchs der Unzufriedenheit,
Sie können im Sinne des Gesetzes der perfekten Zukunft

nicht früh genug damit anfangen, darüber nachzudenken, was irgendwann einmal alles auf Sie zukommen könnte.

Ich empfehle unseren Kunden in Erbschaftsfragen, insbesondere, wenn es um das Vererben von Unzufriedenheit geht, gerne einen Generationenvertrag mit akkumulativer Vermögensbildung nach dem ORAKEL-Prinzip, wobei ORAKEL für »Optimale Rückstellung Akkumulierender Katastrophen Elementaren Leides« steht. Dieser Plan tritt augenblicklich mit der Geburt des Kindes in Kraft, für das er eingerichtet wurde.

Als Anlage sende ich Ihnen ein Fallbeispiel, das auch nach über 2000 Jahren noch immer seine Langzeitwirkung entfaltet.

Mit freundlichen Grüßen
gez. Teiresias

Hier nun sein Fallbeispiel:

Herr Laios T. war Mitarbeiter einer großen Versicherung und im Außendienst außerordentlich erfolgreich. Er beschränkte sich dabei nicht nur auf seine Versicherungsgeschäfte, sondern versicherte auch andere Frauen mit großem Erfolg seiner Dienste. Das hing unter anderem damit zusammen, daß ihn seine Frau Iokaste für einen kläglichen Versager hielt und ihm ständig ihren geliebten Vater als Vorbild vorhielt, der immer noch der Top-Verkäufer des gleichen Unternehmens war. Daher mußte er sich immer beweisen, was für ein toller Hecht er war. Dennoch zeugten die beiden einen Sohn namens Ödipus.

Zur Geburt setzte der Sparplan ein, und die Familie bekam von uns drei kleine Geschenke. Ödipus bekam das speziell entwickelte Konto »Leid & Erfahrung plus«, seine Eltern das Sparkonto »Lux aeterna extra« und zudem einen Umschlag, in dem sich eine besondere Empfehlung unserer Bank befand.

Da die Bank ihre Kunden langfristig gut beraten will, müssen unsere Zukunftsempfehlungen aus Gründen der Seriosität eher etwas konservativer und vorsichtiger ausfallen. In diesem Umschlag stand in unserem Fallbeispiel: »Ihr Unzufriedenheitsvermögen wird sich weiterhin gut entwickeln. Mit größter Wahrscheinlichkeit wird sich Ihr Sohn später Ihres Vermögens bemächtigen, Sie töten und seine Mutter heiraten wollen.«

Man weiß ja nie, so etwas soll ja schon einmal vorgekommen sein. Gut vorgebaut ist auf jeden Fall schon halb versichert, und dafür sind uns unsere Kunden sehr dankbar.

Laios T., der immer den Souveränen spielte, wischte diesen Brief mit einer abfälligen Geste und der Bemerkung »Der Rotzlöffel soll nur aufmucken« vom Tisch. Weil seine Frau Iokaste aus den bekannten Gründen ihren Mann kaum zu Gesicht bekam, war sie nicht nur enttäuscht, sondern äußerst erzürnt und haßerfüllt. Deshalb wendete sie sich einem anderen Liebesobjekt zu, und wer war ihr näher als ihr süßer Sohn, den sie nicht nur mit Liebe überschüttete, sondern dem sie auch immer wieder erzählte, wie böse der Vater Laios und wie wundervoll er, Ödipus, sei.

Der kleine Ödipus war ein cleveres Kerlchen und merkte sehr schnell, wie maßlos wichtig und erfreulich unersetzlich er seiner Mutter geworden war. Ein großartiges Gefühl der Omnipotenz und die Phantasien, ein beglückender Liebhaber und Beschützer für die Mutter zu sein, stiegen in ihm auf, die nur dann absoluter Ohnmacht wichen, wenn der Vater gelegentlich nach Hause kam und mit der Mutter im Doppelbett des Schlafzimmers verschwand, in dem Ödipus sonst neben ihr schlafen durfte. Am liebsten hätte er seinen Alten aus dem Weg geräumt.

Im Verlauf der folgenden Jahre kam es zu folgender Konstellation: Ödipus wurde immer mehr zum Vertrauten der Mutter und zum Gegner seines Vaters. Damit stiegen natürlich auch der Haß und die Eifersucht auf seinen Vater und gleichzeitig das Schuld- und Schamgefühl, diesen mit der Mutter zu betrügen. Laios, der auch nicht blöd war, merkte, daß hinter seinem Rücken ein übles Spielchen gespielt wurde, und hätte in seiner Eifersucht den Sohn gerne um die Ecke gebracht.

Nun kennen Sie vielleicht die klassische Geschichte von Ödipus, wo der Sohn schon kurz nach der Geburt in den Bergen ausgesetzt und ihm schnell noch das Messer in den Fuß gestoßen wird, damit der Rotzbengel auf keinen Fall mehr nach Haus laufen kann. Von einem Hirten gerettet, wächst er bei Pflegeeltern auf, die er für seine leiblichen hält. Zu seinem achtzehnten Geburtstag erfährt er von dem Orakel, daß er seinen Vater töten und seine Mutter heiraten wird. Weil er den Pflegevater, den er für seinen biologischen Vater hält, nicht töten will, macht er sich nachts aus dem Staub in die große, weite Welt. Wie es das Unglück will, trifft er auf Laios, den er nicht als seinen Vater erkennt, und tötet ihn in einem heftigen Streit. Ödipus kommt nach Theben und begegnet dort seiner Mutter. Beide verlieben sich Hals über Kopf ineinander, heiraten und bekommen Kinder. Theben droht, durch eine Pest unterzugehen, und die Befragung des Sehers Teiresias bringt das ganze Dilemma an den Tag. Ödipus und Iokaste sind von der Vorstellung des Inzests so angewidert, daß sich Iokaste erhängt und Ödipus sich blendet.

In der Gegenwart ist fast jeder junge Mann in dieser »klassischen« Konstellation verfangen, nur wird er mit subtileren Methoden zum Schweigen gebracht, indem ihm der

Vater ständig seine Minderwertigkeit mit den Worten »Solange du deine Füße unter meinen Tisch stellst, habe ich hier das Sagen« demonstriert oder den Sohn in ein Internat abschiebt. Entscheidend hierbei ist, daß der so mächtig und stark wirkende Vater in Wirklichkeit von Ängsten und Minderwertigkeitsgefühlen geplagt wird und nicht in der Lage ist, die Rollenverteilung in der Familie von Mann und Frau, Mutter und Sohn oder Vater und Sohn klarzustellen, sondern dem verrückten Treiben entweder ohnmächtig oder mit Tyrannei begegnet. Ob Iokaste oder irgendeine andere Mutter – natürlich macht sie gute Miene zum bösen Spiel, um sich selbst nicht zu verraten, wodurch Ödipus das letzte Vertrauen verliert, weil die einzige über alles geliebte Person ihn verraten hat.

Der Sparplan hat hundertprozentig Erfolg, denn der prophezeite Inzest erfüllt sich von selbst – und der Inzest ist die wahre Erbsünde, die über Generationen hinweg Substanz für Hunderte von Stunden erfüllender Unzufriedenheit ist. Auch wenn der Inzest meist körperlich nicht vollzogen wird – nicht umsonst ist er neben dem Töten das größte Tabu jeder Gesellschaft –, kommt es fast immer zu inzestuösen Verschmelzungsphantasien zwischen Mutter und Sohn, die natürlich nicht ausgesprochen werden. Sehr häufig beschränken sie sich auf die Phantasie, gegenseitig alle Gedanken und Vorlieben zu teilen, wodurch es zu einer herrlichen Symbiose kommt. Dies Gefühl ist fast so schön, wie als Sohn wieder zurück in den beschützenden Mutterschoß und Mutterleib zu kriechen oder den Sohn wieder in sich zu tragen.

Nun mögen Sie fragen, ob dieser »Ödipus-Komplex« denn wirklich so wichtig ist. Ich garantiere Ihnen, daß Sie mit keiner anderen Technik eine Familie über Generationen unglücklicher machen können, weil über dieses

Thema nie gesprochen wird, es ist einfach zu peinlich, scham- und schuldbeladen. Außerdem gibt es keine potentere Technik, die so viele Beziehungen zum Scheitern bringt wie diese. Wenn Mama die Idealfrau bleibt, die dem Mann sein Leben lang als Gespenst im Kopf herumgeistert, und Sohnemann der ideale Mann, weil auch schon Papa unschlagbar war, dann sind Sie auf großartige Weise erneut in der Vergangenheit und perfekten Zukunft gefangen, und keine Partnerin und kein Partner aus Fleisch und Blut wird in der Gegenwart eine reelle Chance haben.

Welche gesellschaftlichen Ausmaße der »Ödipus-Komplex« angenommen hat, demonstrierte mir ein Familientherapeut und Spezialist für religiöse Wahnsymptome. Er vertrat mir gegenüber die folgende, so unglaubliche und provokante These, daß ich mir die Frage stellte, ob er nicht selbst verrückt sei:

»Wissen Sie, wie die Marienverehrung in der katholischen Kirche entstehen konnte, für die sich nirgendwo im Neuen Testament eine fundierte Erklärung finden läßt?

Alle Päpste, Kardinäle, Bischöfe und Priester sind männlich und unverheiratet. Warum wohl? Fragen Sie ihre Mütter! Die Institution der katholischen Kirche ist ein Auffanglager für Heerscharen schwellfüßiger Ödipussis mit omnipotentem Größenwahn. Was meinen Sie, warum erklärte Pius IX. 1854 die unbefleckte Empfängnis Marias zum Dogma, auf das er auch noch den Unfehlbarkeitsanspruch erhob? Aus Angst natürlich! Die Urmutter Maria mußte von der Erbsünde befreit werden, weil sich die Ödipussis so wahnsinnig davor fürchteten. Nämlich davor, daß ihnen ihre lieben, leider gar nicht so unbefleckten Mamas eines schönen Tages im Traum hätten erscheinen können und sie mit ihnen endlich, endlich eins werden und in dem einen, niemals endenden ozeanischen Orgasmus hät-

111

ten verschmelzen können. Denn die wahre Erbsünde ist der Inzest!«

Ich war schockiert, mir stockte der Atem. Aber manchmal sind die Worte eines Verrückten ja wahrer als die von uns Gesunden.

Nach dieser umfassenden Falldarstellung werden Sie sich fragen, warum sich Iokaste denn erhängt und Ödipus sich die Augen ausgestochen hat, obwohl die beiden doch gar nichts dafür konnten. Ödipus konnte der beschämenden Wahrheit nicht ins Auge sehen; dafür hätte er sich seine Fehler und verborgenen Wünsche eingestehen müssen und hätte sich selbst seine menschliche Fehlbarkeit vergeben müssen. Schade, wenige Jahre später hätte es für ihn die Rettung gegeben. In Judäa wurde das ganz neue Spülmittel namens »Unschuld« aus dem Hause Ever Sunlight erfunden, womit sich besonders Pontius Pilatus gerne die Hände wusch.

Sein oder nicht sein

Eine Wunderwaffe des menschlichen Geistes ist die Ambivalenz. Sie gehört zu der Kategorie der lasergesteuerten Fernlenkwaffen mit eingebautem Bumerangeffekt. Bei zielgenauer Betrachtung von zwei oder mehreren Alternativen kommt es bei gleichzeitigem Bestehen miteinander unvereinbarer Gefühle, Wünsche oder Absichten treffsicher zur Zwiespältigkeit und inneren Zerrissenheit des Schützen.

Sie verstehen nur Bahnhof? Ganz einfach: Nach dem Gesetz der entschiedenen Entscheidungslosigkeit ist die Qual der Wahl der Anfang vom Ende. Das Vergleichen ist das Ende vom Glück und zugleich der Anfang der Unzufriedenheit. Daher muß es Ihr Ziel sein, möglichst viele Alternativen zu haben, die es dann zu vergleichen gilt. In Hülle und Fülle stehen Ihnen dann Möglichkeiten und Optionen offen, sich für alles oder nichts nicht zu entscheiden. Das gilt natürlich auch und vor allem bei der Wahl eines Partners oder einer Partnerin.

Sie müssen sich klarmachen: Es gibt drei Milliarden Männer beziehungsweise Frauen auf der Erde, von denen Sie jedoch meist nur eine oder einen haben dürfen! – »Franca hat eine reiche Familie, Johanna mehr Esprit. Luisa ist dafür etwas größer, aber Claudia hat die perfekteren Maße.« Wie wird sich der Jüngling, der vor diesen Wahlmöglichkeiten steht, wohl entscheiden?

Auf die höchste Stufe des Siegertreppchens paßt leider immer nur eine. Haben Sie schon einmal zwei Reiterstandbilder auf einem Sockel gesehen? Gibt es zwei Götter? Zwei oder drei gemeinsam regierende Päpste?

Also entscheidet sich unser Jüngling am besten überhaupt nicht, denn die entschiedene Entscheidungslosigkeit ist das Los zum Unglück! Sollte er doch den Fehler begehen, sich zu entscheiden, so sei ihm empfohlen, die Plätze eins bis drei am besten in der Reihenfolge Mama, Geliebte, Haushälterin zu verteilen. Sollte die eher zufällig erwählte Ehefrau dann trotzdem einen Platz begehren, hat er zumindest eine gewisse Chance, die ihm zustehende Unzufriedenheit doch noch zu erlangen.

Der Erfolg der Ambivalenz liegt in der kongenialen Kombination der Gesetze der eindeutigen Zweideutigkeit, der absoluten Relativität und der fordernden Ablehnung.

Die wunderbare Welt der Abwehrmechanismen

Cogito, ergo sum

Mit diesen Worten klärte René Descartes ganz Europa auf. Er war der Meinung, daß er nichts für wahr anerkennen könnte, bis er nicht sichere Gründe als Beweis gefunden hätte. Obwohl Ihnen das alleine schon weiterhelfen wird, liegt wie so häufig auch hier das Geheimnis nicht in dem, was er gesagt, sondern in dem, was er nicht gesagt hat.

Es liegt auf der Hand, daß es Ihnen strengstens verboten ist zu *fühlen*. Descartes hätte ja sonst geschrieben: »Sentio, ergo sum – Ich fühle, also bin ich.« Sie mögen vielleicht einwenden, daß negative Gefühle auf dem Weg zur Unzufriedenheit hilfreich sein könnten, doch dabei bedenken Sie nicht, wie gefährlich Gefühle sind, denn jede Form von Gefühlen ist wie eine Brücke in das Land des Unbewußten, in dem auch die Zufriedenheit schlummert. Descartes schloß das Unbewußte komplett aus, denn wie Sie inzwischen wissen, umfaßt das Bewußtsein ausschließlich den kleinen Teil unseres Seins, der um sein Wissen weiß. Uns stellt sich nun die Frage, wie wir geschickt mit dem Unbewußten umgehen, damit unsere tieferen Gefühle, Sehnsüchte und Ängste nicht an die Oberfläche des Bewußtseins kommen. Eine große Hilfe sind die sogenannten Abwehrmechanismen.

Die Geschichte vom Lotuswitz

Ein junger Mann namens Sinahnteyn Maos lebte in Alt-Delhi. Er kam aus einer Familie berühmter Yogis und wandelte schon auf dem gleichen dunklen Pfad der Erleuchtung wie seine Vorfahren, indem er sich ganz dem Yoga hingab.

Wegen einer Verformung seiner Hüfte konnte er nicht im Lotussitz meditieren. Er wählte eine sehr außergewöhnliche Sitzstellung, durch die sich sein verehrter Vater eines Tages zu dem Witz hinreißen ließ: »Es ist verboten, die Füße mit den Ohren zu verknoten.«

Das saß! Sinahnteyn war zutiefst verletzt, aber in seinen Kreisen war es nicht zulässig, solche Gefühle zu zeigen. Deshalb schwor er sich, so lange zu üben, bis er besser wäre als sein Vater und alle anderen, aber es gelang ihm nicht. Er litt und sinnierte lange, bis er zu dem Entschluß kam, seine Yogaübungen aufzugeben, weil Yoga etwas für Dummköpfe und zudem gesundheitsschädlich sei.

Daraufhin verließ er Delhi mit der Begründung, die Stadt sei ihm zu dreckig, um in Oxford Medizin zu studieren. Er wurde Sportarzt, habilitierte über das Thema »Yoga und seine deformierenden Auswirkungen auf den Bewegungsapparat des Homo sapiens« und leitete jahrelang einen staatlichen Ausschuß, auf dessen Empfehlung das »Gesetz zum Verbot des Yoga für Kinder mit Beeinträchtigung des Bewegungsapparates« erlassen wurde.

Nach längeren Recherchen in allen großen Bibliotheken der Welt formulierte er die Hypothese, daß die Entstehung des Lotussitzes auf einem Übersetzungsfehler beruhe. Er behauptete, daß er in seiner Höhle, in der er aus panischer Angst vor Hautkrebs durch die strahlende Sonne und das Ozonloch lebte, in einem 2272 Jahre alten Moschusochsenhorn eine Originalabschrift der Upanischaden gefunden habe, in denen in Wirklichkeit von einem Lotuswitz die Rede sei. Diese Abschrift und den Witz aber hielt er Jahrzehnte lang sorgfältig verborgen, um sie zum richtigen Zeitpunkt zu präsentieren. Doch leider verstarb er, als er sich kurz vor der Pointe über seinen eigenen Witz totlachte.

Wir finden in dieser Geschichte gleich mehrere Standardtechniken der psychischen Abwehr. Das eigentliche Problem, nämlich die narzißtische Kränkung und der daraus resultierende Haß, den Sinahnteyn Maos über die ihm angetane Ungerechtigkeit gegen seinen Vater empfand, wird mit Hilfe der Abwehrmechanismen, insbesondere der Rationalisierung, verdrängt und in gesellschaftlich akzeptierte Verhaltensweisen umgewandelt.

Die Rationalisierung verdanken wir vor allem René Descartes und Sigmund Freud. Sie paßt wunderbar zu uns, denn wir laufen alle mit riesigen Melonenköpfen voller Grips durch die Welt, womit wir einfach alles erklären wollen und können. Eine großartige Grube, in die man selbst hineinplumpsen kann.

Schauen wir uns die Abwehrmechanismen genauer an: Sinahnteyn war also zuallererst sauer auf seinen Vater und sein Schicksal, doch sein innerer Zensor sprach: Du darfst nicht hassen! Deshalb bekam er unheimliche Schuldgefühle. Also *verleugnete* er seinen Haß und *verdrängte* ihn in die Tiefe des Unbewußten.

Sie kennen das. Man räumt am schnellsten auf, indem man die Kellertür aufmacht, den ganzen Dreck hinunterwirft und die Tür dann möglichst fest verriegelt, damit der Besuch seine neugierige Nase nicht hineinsteckt. Aber das Unbewußte wollte den Schwarzen Peter auch nicht haben und überlegte, wie es den Haß und die damit verbundenen Schuldgefühle am besten wieder loswerden könnte. Flink wurde das Haßgefühl nach außen *verschoben* und auf die dreckige Stadt *projiziert*.

Dann lief Sinahnteyns Melonenkopf auf Hochtouren, um mit Hilfe der *Intellektualisierung* und *Rationalisierung* viele gute Gründe gegen das Yoga und eine Rückkehr nach Delhi zu finden. Doch die Schuldgefühle blieben. Aus

Angst, sein Haß könnte eines Tages doch an die Oberfläche kommen, entwickelte Sinahnteyn seine *Phobie* gegen Hautkrebs, die ihn zu einem Leben in der Höhle *zwang*.

Ist es nicht großartig, wie man sich in einem einzigen Moment das ganze Leben entscheidend versauen kann? Sollten Sie wirklich glauben, daß diese Geschichte überzogen ist, dann bewerben Sie sich doch einmal für ein Praktikum in der psychosomatischen Sprechstunde, wo Sie auf Hunderte solcher Fälle treffen.

Dazu eine Arbeitsaufgabe: Stellen Sie sich folgende Situation vor. Sie arbeiten in einem großen Kaufhaus und unterhalten sich gerade prächtig mit einer Kollegin. Wie es das Unglück will, kommt ein Kunde, der zu allem Überfluß nicht nur eine Auskunft, sondern eine Beratung von Ihnen will, welcher der angebotenen Artikel wohl der beste sei.

Nachdem Sie demonstriert haben, wer hier König und wer Bittsteller ist, indem Sie Ihre Unterhaltung erst einmal geruhsam zu Ende führen, erklären Sie ihm kurz und knapp, daß Sie generell nur beste Ware führen. Penetrant, wie Kunden nun einmal sind, beschwert sich dieser bei Ihrem Chef, der Sie nun wiederum in sein Büro zitiert und Sie vor dem Kunden zur Rede stellt. Ein vernichtendes Schuld- und Schamgefühl durchbohrt Sie. Sie werden knallrot bis über beide Ohren und gleichen einer reifen Tomate, Ihre Haltung bekommt die Form eines nassen Sacks, und Ihr Herz schlägt Ihnen bis zum Hals.

Sie verlassen wie ein geprügelter Hund das Büro Ihres Chefs und begegnen den dreißig verstohlenen Augenpaaren Ihrer Kollegen, die Sie scheinbar rein zufällig streifen. Sie wissen natürlich, mit welch heimlicher Schadenfreude Sie selbst jeden anderen begossenen Pudel mustern, der nach einem konstruktiven Gespräch mit eingezogenem

Schwanz aus dem Zimmer des Chefs kommt und nach der guten alten Tradition des Spießrutenlaufs quer durch die Abteilung zu seinem Arbeitsplatz laufen muß.

Übung 1: Begnügen Sie sich als Unzufriedenheitslehrling zunächst damit, Ihre Gefühle zu verharmlosen und zu überspielen. Ziehen Sie dazu krampfhaft die Schultern hoch und versuchen Sie, Ihr Zittern zu unterdrücken sowie betont überlegen zu lächeln. Wenn Ihr Gesicht dabei einer sardonischen Fratze gleicht, haben Sie die erste Übung erfolgreich absolviert.

Übung 2: Versuchen Sie bei der nächsten Gelegenheit, die Situation überlegen zu kommentieren, Ihre Gefühle dabei jedoch zu negieren. So könnten Sie zum Beispiel sagen: »Der Alte hat versucht, mich fertigzumachen, aber wenn er glaubt, daß mir das was ausmacht, irrt er sich gewaltig.« Falls Ihnen trotzdem noch ein unkontrolliertes Schluchzen entweichen sollte, dürfen Sie keinesfalls aufgeben – mit ausdauernder Übung werden Sie auch das zu unterdrücken lernen. Als Geselle sollten Sie dann Ihre Gefühle nicht mehr wahrnehmen, sondern nur noch über die Situation an sich sprechen.

Übung 3: Finden Sie nun tausend gute Gründe, warum Ihr Chef und der Kunde im Unrecht und die Situation sowieso unwichtig ist. Die Beweise liegen doch klar auf der Hand. Wahre Meisterschaft haben Sie erreicht, wenn es Ihnen gelingt, die Situation und die Personen, die in Ihnen das Gefühl ausgelöst haben, mit Hilfe rationaler Argumente als dumm, unsinnig oder wertlos zu disqualifizieren. Die Abwertung greift besonders gut, wenn Sie denjenigen vorher idealisiert auf den Sockel gehoben haben.

Dabei verhalten Sie sich genau wie Sinahnteyn Maos, der seine Familie und ihre Tradition, die ihm eigentlich über alles ging, nach seiner als demütigend empfundenen narzißtischen Kränkung vom Sockel in den Dreck stieß. Er erschuf eine neue schmerzfreie Wirklichkeit, die es ihm ermöglichte, alle seine Energien für die Sicherung seiner neuen Wahrheit aufzuwenden, ohne sich jemals wieder mit dem eigentlichen Problem seiner körperlichen Behinderung und den Eigenheiten seiner Lieben in Delhi auseinandersetzen zu müssen.

Neben der Abspaltung seiner negativen Gefühle perfektionierte er die Situation mit einer wohltuenden Portion Selbstüberschätzung. Er hätte seinen Vater theoretisch auch zur Rede stellen und offenbaren können, wie sehr ihm sein Kommentar weh getan hatte. Aber dann wäre sein Leben anders verlaufen, und er hätte das Risiko eingehen müssen, daß er zufrieden gestorben wäre.

Erlkönig

Wer reitet so spät durch Nacht und Wind?
Es ist der Vater mit seinem Kind;
Er hat den Knaben wohl in dem Arm,
er faßt ihn sicher, er hält ihn warm.

Auch Johann Wolfgang von Goethe hatte ein intuitives Gespür dafür, wie sich Gefühle und Verstand elegant und gekonnt gegeneinander ausspielen lassen. Der Vater, unserem Gesetz der Allmacht gehorchend, hält den Sohn sicher und warm. Er hat ihn im Griff!

»Mein Sohn, was birgst Du so bang Dein Gesicht?«
»Siehst, Vater, Du den Erlkönig nicht?

Den Erlenkönig mit Kron' und Schweif?«
»Mein Sohn, es ist ein Nebelstreif.«

Der Vater hat es richtig erkannt: Der Sohn fiebert. Oder
haben Sie etwa schon einmal einen Erlenkönig mit Krone
und Schweif gesehen? Hier handelt der Vater wie ein Lehr-
ling, weil er sein Selbstoffenbarungsohr noch geöffnet hat,
also die unausgesprochenen Ängste des Sohnes heraushört
und anspricht. Meisterschaftsverdächtig wird die Strophe
durch kleine Veränderungen:

»Mein Sohn, was machst Du für ein dummes Gesicht?«
»Siehst, Vater, Du den Erlkönig nicht?
Den Erlenkönig mit Kron' und Schweif?«
»So ein Quatsch, es ist ein Nebelstreif.«

Aber der Vater wird besser. Während der Sohn sich zunehmend in wirre Phantasmagorien verstrickt, verdrängt der
Vater seine aufsteigende Angst und wird immer nüchter-
ner und sachlicher. Gemäß dem Motto »Cogito, ergo
sum« hält der Vater nur für wahr, was wahr ist: den säu-
selnden Wind in den dürren Blättern und die alten grauen
Weiden. Doch was passiert nun?

»Ich liebe dich, mich reizt deine schöne Gestalt:
Und bist du nicht willig, so brauch' ich Gewalt.«
»Mein Vater, mein Vater, jetzt faßt er mich an!
Erlkönig hat mir ein Leids getan!«

Dem Vater grauset's, er reitet geschwind,
er hält in Armen das ächzende Kind,
Erreicht den Hof mit Mühe und Not;
In seinen Armen das Kind war tot.

Grauset's Ihnen jetzt auch? Es ist nicht zu glauben, aber der Vater, der schon nach den Sternen der Unzufriedenheit greift, versagt im letzten Moment kläglich. Mit einem vorzeitigen Gefühlserguß (Emotio praecox) berücksichtigt er zwar das Gesetz der impotenten Omnipotenz, indem er sich ohnmächtig fühlt, öffnet aber erneut das Selbstoffenbarungsohr und läßt die Angst des Kindes auf sich überspringen. So ein Leichtsinnsfehler wird Ihnen im fortgeschrittenen Zustand hoffentlich nicht mehr unterlaufen.

Abschließend stellt sich Ihnen vielleicht auch die Frage, warum die Angst des Vaters eigentlich so groß ist, daß er sie mit allen Mitteln abwehren muß. Nun, Sie wissen vielleicht, daß Psychologen dazu tendieren, alles zu sexualisieren. Freud hatte seine Freude daran, sehr viele Störungen als Fehlleitung sexueller Impulse zu deuten. Und genau das wollen wir hier auch machen.

Stellen Sie sich vor, es gibt einen Stromausfall. Sie machen sich mit einer Kerze auf den Weg in den Keller, um nach den Sicherungen zu suchen. Von irgendwoher hören Sie den schwachen Klang von Stimmen. Plötzlich sehen Sie, wie Licht durch eine Ritze fällt, aus einem Raum, von dessen Existenz Sie bisher nichts wußten. Sie hören das schwere Atmen eines Mannes und das klägliche Jammern eines Kindes. Durch den Spalt erspähen Sie, wie ein perverser pädophiler Psychopath Ihren Sohn vernaschen will! Und dann entdecken Sie zu allem Überfluß plötzlich – oh Grauen –, daß diese beiden, sowohl der Psychopath als auch der Sohn, homoerotische Es-Anteile Ihrer Persönlichkeit sind. Na danke, jetzt möchte ich nicht in Ihrer Haut stecken!

Da ist es doch auf jeden Fall besser, zumindest aber deutlich einfacher, das innere Kind einfach sterben zu lassen, den bösen Erlkönig zu verfluchen und bis zum Ende des Lebens zu jammern, als sich mit den eigenen fehlgeleiteten Triebimpulsen und deren Ursachen auseinanderzusetzen.

Falls Sie erneut das Gefühl haben, ich würde übertreiben, können Sie sich schon einmal auf das nächste Kapitel freuen.

Das macht mich krank!

Wer oder was ist wohl dieses mysteriöse »Das«, was uns krank macht? Die geheime unbekannte Macht? Nein, es sind unsere Freunde, das »Es« und das »Über-Ich«, die sich wieder gerauft haben und statt sich auseinanderzusetzen und wieder zu versöhnen, ihren Konflikt auf den Körper verschieben. Es ist wie in der Politik, im Kleintierzüchterverein oder im Golfclub: Wenn zwei sich streiten, freut sich der Dritte, aber wenn sie sich wieder vertragen wollen, bekommt der Dritte ein gewaltiges Problem. Denn am leichtesten verträgt es sich, indem man nicht über das Problem und die eigenen Fehler spricht, sondern sich einen gemeinsamen Feind als Sündenbock sucht.

Seit dem letzten Kapitel wissen wir, daß der Mensch zu neunundneunzig Komma neun Prozent aus einem aufgeblasenen Melonenkopf zum Denken besteht. Der Rest verteilt sich auf einen Körper zum Arbeiten und eine Seele zum Fühlen, beziehungsweise auf einen Prügelknaben und einen Sündenbock.

Um dieses eine Promille bewußt wahrzunehmen, sollten Sie mindestens eine Stunde am Tag meditieren. (Die meisten bevorzugen einen einfacheren Weg, um zu einem Promille zu gelangen.) Das Unbewußte aber kennt seine Pappenheimer.

Der Körper ist ein wundervolles Opferlamm, weil er unglaublich viele Stellen und Möglichkeiten bietet, sich quälen und krank machen zu lassen. Beginnen wir außen mit unseren Sende- und Empfangsanlagen. Wenn Sie etwas nicht mehr mit ansehen wollen oder jemanden nicht riechen können, schwuppdiwupp, bekommen Sie einfach eine Bindehautentzündung und sind verschnupft oder noch besser, Sie erblinden einfach wie Ödipus.

Falls Sie die drückende Last einer Mehrbelastung wie Beruf, Kinder und Haushalt nicht mehr ertragen können und denken »Es ist ein Kreuz« – was liegt näher, als entsetzliche Kreuzschmerzen zu bekommen? Ich glaubte zum Beispiel jahrelang, daß ich nicht standhaft genug sei, um mein Leben zu bestehen und meinen eigenen Weg zu gehen, also bekam ich eine qualvolle Fußsehnenentzündung, die mich zur Bewegungslosigkeit zwang. Achilles hatte seine Achillesferse, die ihn hinderte, sicher durchs Leben zu gehen. Wenn Sie diese Beispiele im Kopf nicht aushalten, dann haben Sie gute Chancen, in wenigen Stunden eine Migräneattacke zu bekommen.

Sind Ihnen diese Krankheitserklärungen zu banal und oberflächlich? Dann empfehle ich Ihnen die Hautkrankheiten, die Ihre tieferen seelischen Probleme an die Oberfläche Ihres Körpers bringen.

So richtig interessant wird es jedoch erst, wenn Sie Ihre Probleme in der Tiefe Ihres Körpers verstecken. Es ist wunderbar, wenn Sie von fünf Kardiologen ergebnislos auf den Kopf gestellt werden, obwohl Sie immer wieder von panischen Attacken mit Herzrasen und Schweißausbrüchen überflutet werden. Sollten Sie möglicherweise ein Tagebuch führen, könnte es sein, daß Sie eine zufällige Übereinstimmung mit jeder Art von Trennungserlebnissen entdecken könnten. Weitaus besser und dramaturgisch wirkungsvoller lassen sich aber sieben Darmspiegelungen in sechs Monaten in Szene setzen, insbesondere wenn die Symptomatik dann chronisch wird und sich als sogenannter Morbus Crohn oder als Colitis ulcerosa manifestiert. Diese Erkrankungen sind herrlich selbstvernichtend und ihre Träger überdurchschnittlich perfektionistische und zwanghafte Persönlichkeiten, die alles festhalten und nichts ausscheiden oder loslassen können.

Sollten Sie häufig unter Streß und hohem Druck stehen oder sehr verkrampft sein, und Sie bekommen ein Magengeschwür, einen Bluthochdruck, Wadenkrämpfe oder einen Herzinfarkt, so wissen wir alle, daß es sich um rein zufällige Ereignisse handelt.

Einen unstillbaren Hunger nach Kontrolle oder Autonomie – beziehungsweise eigentlich nach Vertrauen, Liebe und Geborgenheit – müssen Sie unbedingt verdrängen, dann wandelt er sich ziemlich sicher in eine Magersucht oder Freßsucht um. Sollte Ihre Tochter davon betroffen sein, so können Sie die fadenscheinige Argumentation benutzen, daß ein böser Junge in der Schule zu Ihrer geliebten Tochter gesagt hat, sie sei ein Pummelchen. Daß diese Erkrankung damit zu tun haben könnte, daß Sie einen extremen Leistungsdruck aufbauen und bei mangelnder Leistung Ihre Tochter mit Liebesentzug »motivieren«, liegt doch wirklich fern. Sie doch nicht! Denn wer würde auch schon aus verzweifelter Einsamkeit Essen in sich hineinstopfen und wer würde schon alles wieder erbrechen, weil er sich und das Leben zum Kotzen findet?

Vielleicht wollen Sie auch zu all den armen Menschen gehören, bei denen es im Bett nicht funktioniert, damit Sie kräftig jammern können? Damit können Sie nicht nur sich selbst, sondern auch noch Ihren Partner unzufrieden machen. Fordern Sie von sich selbst, daß Ihr Sex zu funktionieren hat wie eine Maschine. Auf keinen Fall hat Sexualität nämlich mit Geben und Nehmen in gegenseitigem Vertrauen zu tun. Sollte es bei Ihnen tatsächlich mit der Erektion oder der Lubrikation nicht stimmen, dann muß etwas kaputt sein, was Sie am besten mit aufpumpbaren Prothesen und Gleitmittelchen reparieren lassen können.

Sind Sie schon ein perfekter Anwender der Gesetze der Unzufriedenheit, werden Sie jetzt heimlich schmunzeln. Sie wissen, daß es im Sinne der eindeutigen Zweideutigkeit und entschiedenen Entscheidungslosigkeit viel besser ist, den ersten Teil des Apparates noch laufen zu lassen, aber kleine Eingriffe in der Ejakulations- und Orgasmussteuerung vorzunehmen, weil das Sie selbst und den Partner lang anhaltend unzufrieden machen wird. Ob zu früh, zu spät, nie oder nur mit Schmerzen – Hauptsache, Sie fühlen sich hinterher schlecht und dreckig, ohnmächtig und unzufrieden. Alles natürlich rein zufällig.

Fazit: So sehr es Freude macht, andere Menschen zu dominieren und zu beherrschen – die Autoaggression, sich selbst krank zu machen, ist und bleibt die eleganteste Technik der Unzufriedenheit. Es ist die Kunst, den Lack zu polieren und die Ledersitze aufzuschlitzen.

Auf die Plätze – feeerrrtig – los!

Schneller! Tempo, Tempo! Sie müssen sich jetzt beeilen, damit Sie als erster ans Ziel kommen. Sind Sie noch gar nicht losgerannt? Weil Sie das Ziel nicht kennen? Wofür haben Sie denn all diese Kapitel gelesen? Unser Ziel ist doch, ständig unterwegs zu sein, immer schneller, immer weiter, ohne Rast und ohne Ruh, um dem permanenten Theater im Haus unseres Seins zu entkommen.

Unser Ziel ist die Egofugax. Dieses Wort habe ich erdacht, um den Zustand des vor sich selbst Weglaufens oder Fliehens zu beschreiben. Schnell ein paar Übungen für die Egofugax.

Übung 1: Überlegen Sie sich zuerst, womit Sie sich selbst am besten in die Flucht schlagen könnten. Wenn Ihnen spontan nichts einfällt, denken Sie darüber nach, was Sie an anderen Menschen am meisten stört. Vielleicht der Nachbar, der mit der Nagelschere seinen englischen Rasen schneidet, oder Ihr alter Mathelehrer, der Ihrer heimlichen Liebe immer in den Ausschnitt schaute, oder Ihr Tennispartner, der bei jedem As immer so hämisch lacht.

Stellen Sie sich jetzt nur einmal vor, Sie selbst seien ebenso pedantisch, geil oder schadenfroh. Müßten Sie da nicht sofort panisch wegrennen? Eins dürfen Sie mir glauben, Sie sind es unter aller Garantie!

Übung 2: Stellen Sie sich genau auf die Rotationsachse des Plattentellers eines Schallplattenspielers und schalten Sie auf 45 Umdrehungen pro Minute. Sobald Sie die Endgeschwindigkeit erreicht haben, treten Sie nur wenige Millimeter zur Seite, und schon erleben Sie neben der Übelkeit das umwerfende Gefühl der Fliehkraft.

Übung 3: Schließen Sie die Augen. Stellen Sie sich nun vor, Sie seien eine Badewanne, und das Zentrum Ihres Seins der Abflußstöpsel. Ziehen Sie ihn heraus und verstecken Sie ihn an einer Stelle, wo Sie ihn selbst nicht mehr finden können. Erleben Sie nun das Gefühl, wie Wasser aus einem kristallklaren Bergsee und Ströme aus Rosenwasser und Jasminöl durch Sie hindurchlaufen. Geben Sie sich nicht der köstlichen Verzückung dieses Momentes hin, sondern denken Sie sich, daß auch der schönste Augenblick einmal ein Ende hat, und konzentrieren Sie sich darauf, daß Sie mit Gewißheit letztendlich völlig leerlaufen werden. Der post-hypnotische Auftrag dieser Übung lautet: Vergessen Sie, daß es einen Stöpsel gab, der diesen Zustand ändern könnte.

Sucht – die ewige Suche

Es ist gar nicht so einfach, sich selbst zu entkommen. Im Abschnitt »Spieglein, Spieglein an der Wand« haben wir gelernt, daß derjenige, der zu tief in den Spiegel schaut, sich dabei möglicherweise selbst abhanden kommt. Doch es gibt weitaus ersprießlichere Methoden, die innere Leere zu füllen. Wenn Sie schon schauen müssen, so schauen Sie doch lieber zu tief ins Glas!

Wir versuchen, das Gesetz der Beziehungslosigkeit und ewigen Suche zu erfüllen, indem wir uns der paradoxen Hoffnung hingeben, die Sinnlosigkeit in einer vergeblichen Suche zu finden. Und nach einer Prognose unseres Mentors Dr. Teiresias wird sich diese scheinbare Paradoxie mit Sicherheit erfüllen lassen. Wir vertauschen bei der »Suche« einfach das »e« gegen ein »t«, und schon läuft alles wie geschmiert.

Den Satz »Sucht ist, was man sucht« verändern wir ein wenig. An unsere Bedürfnisse angepaßt lautet er: »Sucht ist, wenn man sucht, indem man die innere Leere durch eine äußere Fülle zu ersetzen versucht.«

Wie zielsicher das funktioniert, läßt sich schon daran ersehen, daß die meisten Suchtstoffe des Menschen Geist kräftig verwirren und benebeln. Ja, selbst die langweiligsten Drogen ohne bewußtseinserweiternde Wirkung wie

Fernsehsucht, Besitzsucht, Selbstsucht oder Eifersucht verhindern erfolgreich, daß der Geist an irgend etwas anderes denken kann als an die heiß ersehnte Droge.

Ob als Alcoholic oder Workaholic, mit Freßsucht, Kaufsucht oder Spielsucht, mit Selbstsucht, Streitsucht oder Magersucht – generell gilt: Viel hilft viel! Mehr lenkt mehr ab. Süchte helfen uns, dem Unsinn von der Fülle in uns selbst ein für allemal den Garaus zu machen.

Sucht bedeutet, daß Sie abhängig sind. Sie müssen konsumieren, weil sonst ein scheußliches grünes Männchen vor Ihrer Tür Radau macht, Topfdeckel schlägt und wie am Spieß »Ich will, ich will« brüllt. Und kleinen grünen Männchen kann man bekanntlich nichts abschlagen.

Jede Sucht erzeugt zwiespältige Gefühle – und wie wir wissen, sind genau die der eigentliche Atomkern der Unzufriedenheit. Bei der Sucht herrscht ein Zwiespalt aus Handlung und Ursache. Zum einen brauchen wir jemanden oder etwas als Suchtstoff, damit uns das grüne Männchen nicht auf der Nase herumtanzt. Zum anderen wissen wir ganz genau, daß wir das, wovon wir so abhängig sind, nicht um seiner selbst willen, sondern nur als Mittel zum Zweck gebrauchen, um unsere innere Leere und Defizite zu kompensieren.

Nichts, liebe Leser, entwürdigt den Menschen mehr als diese zwei Gefühle ohnmächtiger Abhängigkeit und selbstsüchtiger Ausnutzung eines Objektes. Der Respekt vor der eigenen Person ist dahin, demütigende Scham und Schuldgefühle erfüllen uns durch und durch. Da hilft nur noch eins: die Spirale immer weiter drehen und immer enger.

Auf diesen schwerverdaulichen Brocken sollten Sie erst einmal einen trinken. Prost!

Co-Unzufriedenheit – die Hölle auf Erden

Alles, was wir im Kapitel Co-Unzufriedenheit anhand von Familie und Partnerschaft erarbeiten und lernen wollen, läßt sich natürlich auf jede andere Beziehung übertragen – mit Freunden, Kollegen und Vereinskameraden. Es ist nur viel schwerer, und Sie sollten versuchen, erst Profi für mißlungene unzufriedenstellende Beziehungen mit einem Lebensabschnittsgefährten zu werden, bevor Sie die Techniken auf andere Bereiche übertragen.

Denn kennen Sie etwa irgendeine Situation, in der es leichter ist, Tabus und Grenzen zu übertreten als in Partnerschaft und Familie? Hier ist es Ihnen gestattet, in Wort und Tat die Würde des Menschen zu verletzen. Hier können Sie Ihr respektloses Handeln mit dem unschlagbaren Argument »Ich mache das nur zu deinem Besten« rationalisieren. Nirgendwo gibt es so viel psychische Grausamkeit und körperliche Gewalt wie in Familien und Partnerschaften.

Ihre Aufgabe ist nun, den Teufelskreis aus Gewalt und Gegengewalt nicht zu durchbrechen. Vermeiden Sie auf jeden Fall, Ihre Handlungsmuster zu hinterfragen oder eventuell die Auslöser in Ihrer Vergangenheit oder Kindheit zu suchen. Pflegen Sie Ihre Verhaltensmuster, machen Sie sich klar, daß Sie in der Kindheit zu Recht gezüchtigt wurden, weil Sie durch und durch schlecht und nichtsnützig waren. Wenn Sie mit Liebesentzug bestraft wurden, weil Sie nicht dem Wunsch und den Vorstellungen Ihrer Eltern entsprachen, dann begreifen Sie doch endlich, daß

Sie tatsächlich nicht liebenswert, sondern undankbar und verdorben sind.

Nun werden Sie fragen, warum Sie überhaupt eine Partnerschaft führen sollen, wenn das oberste Gebot lautet, keine Beziehungen einzugehen. Nun, Sie sollen keine Partnerschaft führen, sondern Sie sollen in Beziehung(en) treten – und zwar mit Stahlkappenschuhen, denn Gegensätze ziehen sich an, und Absätze stoßen sich ab. Das Geheimnis liegt darin, eine unerfüllte und unbefriedigende Beziehung zu führen.

Die sogenannten »Glücklichmacher« sprechen von der Co-Abhängigkeit. Dahinter verbirgt sich ein Schlüssel-Schlüsselloch-Prinzip, in dem Sie und Ihr Partner sich in Ihren Neurosen und Defiziten so exakt ergänzen, daß Sie sich trotz eines tiefen Gefühls von Haß und Widerwillen nicht voneinander trennen können. Der passende Slogan heißt:

Ich hasse dich – verlaß mich nicht!

Das Schöne an diesem Modell ist, daß Sie Ihre Partnerin oder Ihren Partner für Ihr Unglück verantwortlich machen und ihn zugleich so manipulieren können, daß er Ihnen widerspiegelt, wie wertlos und schlecht Sie sind. Mit gegenseitigem Lügen und Betrügen können Sie eine Spirale von Mißmut, Beleidigungen und Schuldzuweisungen in Bewegung setzen, die Ihnen beiden das Gefühl geben wird, an Ihren Scham- und Schuldgefühlen zu ersticken. Darüber hinaus haben Sie die Möglichkeit, endlich das zermürbende Gefühl des Hasses in seiner ganzen Intensität zu erleben.

Diese wunderbare Konstruktion eignet sich phantastisch, sich gegenseitig das Leben zur Hölle zu machen und diese direkt in einer Vierzimmerwohnung zu installieren.

Manipulieren geht über studieren

In der letzten Handlungsanweisung ging es um die Sucht. Auch eine richtig konzipierte Beziehung enthält ein überwältigendes Sucht- und Unzufriedenheitspotential.

Sie müssen Ihren Partner (und er Sie) dafür nur zum Objekt Ihrer maßlosen Gier machen und ihn schön langsam und genußvoll mit unseren hübschen kleinen Foltermethoden quälen. Manipulieren geht über studieren, deshalb benutzen Sie die Fähigkeiten Ihres Partners einfach zu Ihrer Selbstbefriedigung. Das erspart Ihnen, selbst schöpferisch tätig werden zu müssen. Merken Sie sich die folgende Regel:

> **Was du selbst nicht willst besorgen,**
> **das tu dir beim Partner borgen.**

Das Geheimnis des Narzißmus besteht in der Manipulation. Egal was Sie machen, Sie dürfen es nie um der Sache selbst willen tun. Wenn Sie sich ganz für eine Sache oder ein Projekt einsetzen und es verwirklichen wollen – natürlich ausschließlich, weil Sie die Sache an sich großartig finden, und nicht etwa, weil Sie sich einen persönlichen Profit in Form von Geld, Macht oder sozialer Anerkennung erhoffen –, dann haben Sie sich in den Dienst der Sache gestellt. Die Gesetze fordern aber die Egozentrik, mit der Sie alles auf sich beziehen oder etwas tun, um sich damit zu befriedigen. Sollten Sie die Sache an sich oder auch einen Menschen als Subjekt wahrnehmen und erkennen und um seiner selbst willen lieben, schätzen und respektieren, so sind Sie hoffnungslos an die Macht der Zufriedenheit verloren. Betrachten Sie ihn hingegen nur als Objekt und benutzen ihn als Mittel zum Zweck Ihrer Selbstbefriedigung, dann sind Sie auf dem besten Weg. Die Manipulation des Partners, der Eltern, Freunde oder des Kindes verursacht ein erstklassig wirksames unbewußtes Gefühl der Schuld und Versündigung.

Schamhafter Stolz und stolze Scham

Wenn Ihr Partner sich nicht richtig manipulieren läßt, versuchen Sie umgekehrt, ihn zu verlocken; irgendwann wird jeder schwach. Hören Sie sich das Lied »Substitute« der Gruppe Clout an. Im Refrain heißt es »I am your substitute whenever you will«. Da versucht eine Frau, einem Mann, in den sie sich verliebt hat, weiszumachen, daß dessen Freundin ihn sowieso nicht liebe und sie die bessere Wahl sei. Deshalb bietet sie sich ihm als Ersatz(befriedigung) an und dreht so lange Warteschleifen, bis sie bei ihm landen darf. Bieten auch Sie sich als billigen Ersatz feil, das wird Ihr Selbstwertgefühl bestimmt verbessern, insbesondere wenn Sie dabei immer die zweite Wahl bleiben.

Sollten Sie jetzt denken: »Dafür bin ich mir zu schade«, kann ich nur sagen: Bitte keine falsche Scham oder unangemessenen Stolz. Sie wissen wohl gar nicht, welch ungemeine Vorteile die Rolle des Substituts für die Unzufriedenheit bietet. Ich kenne viele Frauen und Männer, die sich ausschließlich mit dieser einen Methode das Leben erfolgreich versauen. Eine gute Freundin verliebt sich immer wieder, rein zufällig natürlich, in schwule Männer, so daß sie nicht in die Gefahr gerät, eine Beziehung eingehen zu müssen, eine andere wartet seit acht Jahren darauf, daß sich ihr Freund wie versprochen von seiner Frau und den drei Kindern scheiden läßt. Ein anderer guter Freund, durch und durch solide und zuverlässig, sucht immer wieder das »Geheimnisvolle« in der Frau und gerät zufällig an den

Typus »Nixe im Teich, das lange rote Haar kämmend«, die die Gesetze der fordernden Ablehnung und der Autonomie perfekt beherrscht. Das Geheimnisvollste an diesen Nixen ist immer wieder die Frage, wann er sie mit einem anderen im gemeinsamen Bett erwischt beziehungsweise wann sie die Wohnung leergeräumt hat und auf Nimmerwiedersehen verschwunden sein wird.

Dr. Leid und Mr. Freud

Zu den Höhepunkten der Co-Unzufriedenheit gehört ein wundervolles Spielchen um den Höhepunkt: prickelnde Erotik in Lack und Leder. Nichts macht eine machtversessene »Supernova« mehr an als ein »Schwarzes Loch« und das Spiel mit Handschellen und Peitschen, knisternde Spannung und Erregung durch Schlagen und Quälen.

Bei diesem Spiel mit der machtlosen Allmacht können Sie Ihre Rolle richtig auskosten. Nirgendwo verschränken sich die zerstörerischen Kräfte von Macht und Ohnmacht offener und lustvoller ineinander. Der kleine, früher gedemütigte Diktator darf nun endlich schlagen, plagen und selbst demütigen, und sein Prügelknabe kann sich der sexuellen Ekstase am Erleiden seiner Schmerzen ganz hingeben.

Erstaunlicherweise ist bei diesem Spiel der Schwächere der Stärkere, denn wenn der Masochist in Wirklichkeit auch ein Sadist ist, dann stellt er seine Qualen einfach nicht richtig zur Schau – und schon hat der arme Sadist keinerlei Lustgewinn mehr. Wie gemein! Aber diese nette Gemeinheit können Sie natürlich in Ihr Spiel mit einbauen.

Der Sadomasochismus ist natürlich nur ein Beispiel für ein grundlegendes Konzept. Es geht darum, daß Sie als Schwächerer ganz insgeheim über eine ungleich größere

Macht verfügen als Ihr machtvoll erscheinender Partner. Als Frau haben Sie da besonders gute Chancen, denn unter dem Druck der sozialen Evolution wurde diese Technik von Frauen perfektioniert. Als Mann hingegen haben Sie deutlich schlechtere Karten.

Vor der Emanzipationsbewegung – ich denke blutenden Herzens an Lady Macbeth, Madame Pompadour oder Elisabeth I. – war das viel einfacher. Da hatte die Frau die Fäden der Macht in der Hand. Heute ist das weitaus verwirrender. Die Frauenbewegung klagt, daß die Frau die Kinder bekommen müsse, verheimlicht dabei jedoch (oder sollte sie es tatsächlich nicht wissen?), daß sie damit die omnipotente Macht im Schoß hält. Die Mutter trägt die gebärende, die schöpferische Kraft in sich und bewohnt das Haus des Lebens. Der Mann dagegen ist ein mickriger Jäger und Sammler in Wald und Feld, der ab und zu heimkehren und seiner Frau beiwohnen darf. Auch darüber hat die Frau die Macht. Deshalb muß der Mann tätig sein, erfinden, erbauen und Kriege führen, gockeln und sich profilieren, damit er ab und zu mal darf, weil er nur auf indirektem Wege schöpfen kann.

Zu Recht herrscht der Glaube, der Mann sei ein reichlich primitives Wesen von plumpem Charakter, die Frau hingegen klug und raffiniert. Dies ist das Ergebnis einer notwendigen Entwicklung, denn ein Mann ohne Verantwortung für Weib und Kind sucht das Spiel und den Spaß, die Frau hingegen muß diesen Pfiffikus mit seinen Qualitäten als Jäger und Sammler an Heim und Herd binden, um die Brut versorgen und großziehen zu können. Dabei hilft nichts besser, als ihn mit entschiedener Unentschiedenheit, eindeutiger Zweideutigkeit und fordernder Ablehnung immer wieder zu locken und zurückzuweisen und ihn mit subtilen Schuldgefühlen bei der Stange zu halten.

Teuflische Metamorphosen

Unübertrefflich schildert C.S. Lewis in »Was man Liebe nennt« Freud und Leid der Familie Ohneruh. Er erzählt, wie die Familie sichtbar auflebte, nachdem die Mutter gestorben war. Der Mann konnte auf einmal wieder lachen, die »zarte« Tochter nahm quietschfidel Reitunterricht, der Sohn kam öfter als nur zum Schlafen nach Hause, und selbst der Hund, der sonst nur an der Leine das Haus verlassen durfte, war »jetzt ein bekanntes Mitglied des Laternenpfahl-Vereins jener Straße«. Und alles das, obwohl Frau Ohneruh nur und ausschließlich für Ihre Familie und ihren Gatten gelebt hatte.

Sie besorgte die ganze Wäsche selbst. Zugegeben, sie machte es schlecht, und sie hätten es sich leisten können, die Wäsche wegzugeben, und oft baten sie sie auch, doch nicht alles selber zu machen. Aber sie tat es trotzdem. Immer gab es für jeden, der zu Hause war, ein warmes Mittagessen und immer ein warmes Abendbrot (sogar im Hochsommer). Man flehte sie an, etwas Einfacheres aufzutischen. Man versicherte fast mit Tränen in den Augen (und zwar aufrichtig), daß man auch kalte Mahlzeiten möge. Alles vergebens. Sie lebte nun einmal für ihre Familie. Kam einer nachts spät nach Hause, blieb sie immer auf zum »Gute Nacht« wünschen, auch wenn es zwei oder drei Uhr früh war, es machte keinen Unterschied. Immer erwartete einen das zarte, blasse, müde Gesicht wie ein stummer Vorwurf. Darum konnte man natürlich nicht sehr oft ausgehen, das durfte man ihr doch nicht zumuten. ... Frau Ohneruh bestand darauf, sich für die Ihren »die Finger bis auf die Knochen zu schinden«, wie sie oft sagte. Es gab kein Halten. Und da ihre Angehörigen anständige Leute waren, konn-

ten sie auch nicht einfach stillsitzen und ihr dabei zusehen. Sie mußten helfen. Und es gab wirklich immer etwas zu helfen. Das heißt, sie nahmen ihr Arbeit ab, um ihr zu helfen, damit sie Arbeiten verrichten konnte, die sie gar nicht getan haben wollten.

Ist das nicht eine rührende und aufopfernde Familienmutter? »Ich will doch nur dein Bestes!« Wird uns bei so viel schenkender Liebe nicht warm ums Herz?

O ja, denn die Wärme, die wir spüren, ist die verzehrende Liebe des Höllenfeuers. Es ist die heißc Glut des begierigen Verlangens nach immerwährender Bestätigung und kontrollierender Macht. Die Sucht, aus einer niemals versiegenden Quelle zu trinken. Doch um sie am Sprudeln zu erhalten, müssen die Geliebten in die Ketten der Sklaverei gezwungen werden. Fester und immer fester, bis sie sich nicht mehr befreien können.

Doch glauben Sie nicht, daß nur Mütter so sein könnten. Genauso kann auch jedes Kind, jeder Freund und jeder Vater sein. Auch Sie haben die Möglichkeit dazu! Es gibt unendlich viele Beispiele. Das beste ist das *Vater*land Deutschland, das seine lieben Staatsangehörigen mit Abermillionen überflüssiger Gesetze in die Knechtschaft zwingt und sich dann beklagt, daß die Bürger so unselbständig sind. Nicht zu vergessen die Unternehmen, in denen liebevolle Hierarchien verhindern, daß zu viele sich ein gutes Stück vom Kuchen abschneiden können. Und natürlich immer nur aus purer Selbstlosigkeit zum Besten der Betroffenen. Doch welche Raffinesse! Eine teuflische Metamorphose versteckt sich hinter dem Satz »Ich will doch nur dein Bestes«, der etwas ganz anderes meint als die Formulierung »Ich will doch *für dich* nur das Beste«. Im zweiten Fall wären Sie nämlich wirklich daran interessiert, daß Ihr Gegenüber sein inneres Potential entfalten kann, während es im ersten Fall in Wirklichkeit darum geht, den anderen zur Befriedigung der eigenen Bedürfnisse zu gebrauchen.

Lauschen wir dazu einem Interview bei einem Familientherapeuten, wo sich Frau Ohneruhs Sohn kürzlich vorstellte.

»Ich habe sie über alles geliebt, obwohl sie ein vampirhafter, klettender Krake war. Sie war so vereinnahmend, daß ich vor Freude jauchzend daran erstickte und mir völlig ausgesaugt vorkam. Sie hat mich mit ihrer wundervollen Liebe erdrückt. Ich hatte Schuldgefühle, weil ich mich benutzt, gedemütigt und mißbraucht fühlte. Nicht körperlich oder sexuell, sondern irgendwie geistig und seelisch. Sie wollte immer alles wissen. Wollte ich nicht sprechen, dann hielt sie mir vor, ich hätte Geheimnisse vor ihr. Sie hat meine Intimsphäre nie respektiert. Irgendwann habe ich bemerkt, daß sie sogar heimlich meine Briefe las.

Meinem Vater war das sehr recht, er hat sich einfach aus dem Staub gemacht und hinter der Arbeit verschanzt. Er hat einfach schweigend zugeschaut und sich gefreut, daß er aus dem Schneider war.

Genau wie ich bei ihr, wollte sie immer die Nummer eins in meinem Leben bleiben, die unangefochtene, über alles geliebte und unfehlbare Mutter. Und letztlich wollte sie sich sogar mit meinen Lorbeeren schmücken und sich meinen Lorbeerkranz aufs Haupt setzen.«

Der Therapeut befragte Frau Ohneruh daraufhin zu ihrem Sohn und zeigte ihr ein Bild von ihm. Frau Ohneruh konnte sich vor Begeisterung kaum halten:

»Ist er nicht hübsch? Er hat mich ja so geliebt! Er ist so wundervoll, intelligent und einfühlsam. Viel einfühlsamer

als mein Mann, der ungehobelte Klotz. Nein, mein Sohn ist charmant, ein richtiger Schwerenöter, und er weiß genau, was er will. Bei den Frauen ist er immer sehr wählerisch gewesen, aber da hatte er ja auch ein gutes Vorbild. Er kann alles erreichen. Das hat er von mir. Ja, ich kann schon stolz auf mich sein, so einen Jungen großgezogen zu haben. Eigentlich gebührt mir dafür der Platz auf der Ehrentribühne seines Lebens, die Königsloge, der Thron an seiner Seite.«

Ja, liebe Leser, der Ödipuskomplex lauert eben doch hinter jeder Ecke und hat uns fester im Griff, als wir glauben mögen.

Schoßhunde sind die liebsten Kinder

Doch nicht nur Kinder eignen sich vorzüglich, die »selbstlose Liebe« mit vollen Händen zu verschwenden, sondern auch andere Hausgenossen, zum Beispiel die lieben Bellos, Caesars und Rexis. Wie schön, daß es gerade in Städten so viele treue Gefährten gibt, die sich nicht weigern können, Sie zu brauchen, weil sie ein Leben lang absolut abhängig von Ihnen sind – fern von einem angemessenen Hundeleben, daß ihnen göttlich bestimmt wäre. Hunde und andere Haustiere sind herrliche Objekte für Ihre selbstlose Liebe und ein wunderbarer Kinder- und Partnerersatz. Sie sollten ihnen dafür dankbar sein und sie mit vielen kleinen Leckereien verwöhnen. Marmeladenbrote, Strickpullover und viele andere Genüsse, die das liebe Tier süchtig machen, denn dann sind Sie auch der einzige, der diesen Genuß befriedigen kann! Hunde sind überdies großartige Beziehungspuffer und Blitzableiter. Sie dienen auch als Medium in verfahrenen Kommunikationsstrukturen, denn wenn einer etwas über die seelische Verfassung des Partners wissen oder sich selbst offenbaren will, so spricht er im Beisein des Partners am besten mit Rex über den Partner. Erinnern Sie sich an die verdrängten Krankheiten? Ob Sie es glauben oder nicht, Ihr Unbewußtes hat sogar die Macht, statt Ihrer selbst den Hund krank zu machen. Wie schön für die Tierärzte, die schließlich auch von etwas leben müssen.

Der cholesterinfreie Eierpfannkuchen

Wenn Sie das Gesetz der eindeutigen Zweideutigkeit auch in Familie und Partnerschaft konsequent befolgen wollen, sollten Sie sich auf orakelhafte Andeutungen beschränken, so daß Ihr Gegenüber Ihre Aussagen interpretieren muß, um selbst Klarheit zu erlangen.

Übung 1: Wenn Sie sich morgens im ersten Stock ankleiden und Ihnen ein herrlicher Kaffeegeruch in die Nase steigt, rufen Sie ganz naiv nach unten: »Schaaatz, ich habe heute morgen unglaublich Lust auf einen Tee und ein weichgekochtes Ei.« Natürlich haben Sie sich am Abend vorher vergewissert, daß keine Eier im Haus sind. Sie können es noch subtiler gestalten, indem Sie sich einen cholesterinfreien Eierpfannkuchen wünschen.

Übung 2: Überhäufen Sie Ihren Partner mit Liebesschwüren und Zärtlichkeiten und versichern Sie ihm, er sei der liebevollste und zärtlichste Mann, den sich eine Frau nur wünschen könne, bei ihm fühlten Sie sich so geborgen und gut aufgehoben. Am besten tun Sie das, wenn er gerade an einem schweren Problem kaut oder sich über seinen Chef wahnsinnig geärgert hat, denn dann werden seine Antennen für dieses Kompliment gerade eingefahren sein. Augenblicklich schaltet sich bei Ihnen das »Ich bin so wertlos, niemand liebt mich«-Programm ein, und Sie können sich nun dem Gefühl hingeben, er liebe Sie nicht mehr.

Versuchen Sie nicht, herauszufinden, was ihn so sehr beschäftigt, sondern deuten Sie seine Reaktionsunfähigkeit sofort als typisch männliche Interesselosigkeit und Böswilligkeit. Werfen Sie ihm sodann im Gegenzug vor, er sei ignorant und gefühllos. Überhaupt hätte er Sie niemals geliebt und sei eine absolute Null, ein Waschlappen, der froh sein könne, überhaupt eine Frau abbekommen zu haben.

Er wird dann entweder überhaupt nicht reagieren, sehr defensiv sein oder aggressiv werden, weil er sich mißverstanden fühlt. Hervorragend, nun können Sie sofort nachsetzen und ihm seinerseits seine Verständnislosigkeit vorwerfen. Die endlose Spirale aus Frustration, Wut und Aggression beginnt und wird Sie beide erfolgreich in die Tiefe ziehen.

Reagiert er hingegen unerwartet ausgeglichen und sprüht vor Charme und Witz, so reagieren Sie auf keinen Fall auf seine Komplimente. Unterstellen Sie ihm, er würde Sie nicht ernst nehmen. Schieben Sie Ihre Unterlippe beleidigt vor und ziehen Sie sich frustriert zurück.

Übung 3: Als Profi der eindeutigen Zweideutigkeit haben Sie gelernt, den Partner ins Abseits zu stellen und den Spieß in jeder Situation umzudrehen. Spielen Sie nun das Alles-oder-Nichts-Spiel. Der Reiz des Spiels besteht darin, daß Sie es zu zweit, aber nicht gemeinsam spielen. Es gibt immer nur einen strahlenden Helden oder einen abscheulichen Schurken. Das Ziel des Spiels ist es, den

Mitspieler grandios zu überhöhen und auf den Sockel zu stellen, um ihn bei nächster Gelegenheit vollkommen zu erniedrigen und zu verdammen. Hundertprozentig frißt er Ihnen dann, von Schuldgefühlen geplagt, aus der Hand wie ein räudiger Hund.

Idealissimo

Was eigentlich ist »selbstlose« Liebe? Heißt es nicht »Liebe deinen Nächsten wie dich selbst«? Und heißt das nicht auch, daß ich erst, wenn ich mich selbst liebe, auch meinen Nächsten lieben kann? Diese Einstellung würde uns ziemlich den Spaß verderben, denn selbstlose Liebe ist in Wirklichkeit selten selbstlos, also rein altruistisch, sondern meist verbunden mit Selbstverachtung, Selbsthaß und unproduktiver innerer Leere.

Um Ihre Beziehung voll auskosten zu können, müssen Sie den Schein wahren und immer wieder von Liebe *reden*. In jeder sogenannten Liebesbeziehung, die nicht wirklich selbstlos, sondern eine manipulative Selbstbefriedigung ist, steckt eine potentiell destruktive Macht. Die vergötternde Liebe ist ein Sprengsatz, gut getarnt wie der Wolf im Schafspelz. Nirgends entwickelt der Mensch eine ausgefeiltere und raffiniertere Bosheitskultur, und nie kann der Mensch so herrlich boshaft sein wie aus enttäuschter Liebe – also aus Haß. Unrealistische Erwartungen nach dem Gesetz der perfekten Zukunft belasten und zerstören die Beziehung auf wundervolle Weise.

Als Kind brauchen Sie große Vorbilder, um ethische und soziale Werte in Ihr Über-Ich zu integrieren. Wahrscheinlich werden Ihre Eltern die nächsten Bezugspersonen und daher auch Ihre Vorbilder gewesen sein. Wichtig ist, daß Sie den Eltern keine Chance geben, ganz normale Menschen mit Stärken und Schwächen zu sein, sondern sie auch als Erwachsener extrem idealisieren.

Übung: Erinnern Sie sich einmal an Szenen aus früheren Zeiten, in denen Sie würde- und respektlos behandelt wurden. Lassen Sie jetzt die Gefühle von Haß und Wut wieder aus den Tiefen Ihrer Erinnerungen emporsteigen, und spüren Sie, wie Sie von ihnen überwältigt werden. Projizieren Sie nun all diese Gedanken und Gefühle auf Ihren Partner, und benutzen Sie ihn so lange als Objektersatz, bis Sie davon überzeugt sind, daß er tatsächlich an all Ihrem Unglück schuld ist – insbesondere an dem Unglück aus der Zeit, als Sie sich noch nicht kannten.

Vielleicht wurden Sie früher immer unterdrückt? Wurden Ihre wundervollen Ideen als Banalitäten und Spinnerei abgetan? Mußten Sie in einen Kindergarten mit sozial gestörten Kindern gehen, die Sie immer in Angst und Schrecken versetzten? Oder aber zu einer alten Hexe, die Kinder nicht ausstehen konnte, weil Ihre beiden Eltern arbeiteten? Oder mußten Sie gar immer allein zu Hause bleiben, ohne Freunde, mit denen Sie hätten spielen können, und ohne Beschäftigung? Hatten Sie das Gefühl, der Fluchtweg sei Ihnen verbaut, und fühlten Sie sich wie ein gefangenes Tier im Käfig, das vom Wärter nach Lust und Laune mal gestreichelt und mal geschlagen wurde? Wunderbar. Denn nichts ist quälender als die Ohnmacht, nicht mehr über sich selbst entscheiden zu können und keine Autonomie zu besitzen.

Dann unterstellen Sie Ihrer Partnerin oder Ihrem Partner jetzt, daß er Ihnen Ihre Freiheit raubt und Sie gängeln will. Stellen Sie ihn auf keinen Fall zur Rede, und äußern

Sie nicht Ihre Bedürfnisse und Wünsche. Das könnte zur Folge haben, daß er Sie versteht. Im Gegenzug könnte er Ihnen nämlich erklären, daß er Sie liebt und sich über Ihre Nähe freut. Nein, Sie sollten von Anfang an klare Akzente setzen und jede Gelegenheit nutzen, ihm Ihre Autonomie zu demonstrieren, indem Sie ihn nicht ins Vertrauen ziehen, sondern möglichst jeden Kontakt meiden. Denn mit jedem Satz, den Sie mit ihm wechseln, hat er die Möglichkeit, Sie in ein Gespräch zu verwickeln und damit Ihre Freiheit zu beschneiden.

Meisterschaftlich agieren Sie erst dann, wenn Sie, noch bevor er irgend etwas sagt oder tut, aussehen wie drei Tage Regenwetter und sich ohne ein Wort davonschleichen. So stoßen Sie ihn mit voller Wucht vor den Kopf, und er wird dann mit einem betretenen Gesicht und völlig ratlos zurückbleiben.

Sollte er tatsächlich noch den Mut und die Dreistigkeit aufbringen und Sie nach dem Grund Ihres Handelns fragen, so antworten Sie ihm mit Geringschätzung, daß Sie keine Lust hätten, ständig alles zu erklären oder sich rechtfertigen zu müssen, er würde immer alles zerreden. Wenn er nur etwas Verständnis habe, müsse ihm das wohl einleuchten.

Ich verbürge mich für den Erfolg. Er wird sich in kürzester Zeit so sehr verunsichern lassen, daß er sich bald zurückzieht und Sie in Ruhe läßt. Das ist das optimale Stadium. Sie können ihn jetzt jederzeit und nach Belieben benutzen, denn auf jede Geste von Ihrer Seite wird er wie ein dressierter Hund mit freudigem Schwanzwedeln reagieren. Nun haben Sie ihn endlich da, wo Sie selbst nicht sein wollten und selbst früher waren. Lieben Sie ihn, wenn er so ist, wie Sie ihn wollen, ansonsten reagieren Sie mit Liebesentzug.

Schachmatt

Diffuse Schuldzuweisung

Setzen Sie nun einen ganz einfachen, aber äußerst wirkungsvollen Teufelskreis in Bewegung. Sobald Sie unzufrieden und unglücklich sind, achten Sie darauf, Ihrem Partner auf keinen Fall zu sagen, daß es Ihnen schlecht geht und warum es Ihnen schlecht gut. Drücken Sie Ihr Mißbehagen nur durch Ihre Gestik und Mimik aus, und begnügen Sie sich mit vagen Andeutung wie: »Vergiß es, ist nicht so schlimm …« oder: »Das verstehst du sowieso nicht …« Besonders wirkungsvoll ist es, wenn Sie ihn ansehen wie ein geschlagener Hund seinen Herrn, sich abwenden und panisch seinen Blick meiden. So geben Sie ihm unmittelbar das Gefühl, schuld an Ihrem Dilemma zu sein. Und was könnte destruktiver als Schuldgefühle sein? Sollte er ein dickes Fell haben und noch einmal nachfragen, was denn los sei, so antworten Sie gar nicht oder begnügen Sie sich mit einem: »Muß ich dir das auch noch sagen? Das ist doch wieder einmal typisch!« Leider haben Sie dann den falschen Partner – verlassen Sie ihn sofort!

Die Macht der Unterstellung

Eine weitere wunderbare und effiziente Methode ist die Unterstellung. Säen Sie noch heute Mißtrauen, und unterstellen Sie Ihren Mitmenschen und Ihrem Partner generell nur das Schlechteste. Die Saat wird schneller aufgehen und die Ernte größer sein, als Sie erwarten. Ich fürchte, Ihr Vorstellungsvermögen reicht gar nicht aus. Bei der Verderbtheit des heutigen Menschen können Sie armes Seelchen gar nicht schlecht genug von ihm denken, ohne ihm immer noch Gutes damit zu tun.

Im folgenden Beispiel aus dem Theaterstück »Ich und du, Müllers Kuh« von Haul Coether vereint sich die Unterstellung mit der Technik des Hinhaltemanövers.

Im Zentrum des Geschehens stehen eine junge Frau und ihr Vater. Immer wenn die junge Frau ihren Vater besucht, nimmt sie sich von dessen Schreibtisch in Ermangelung eines eigenen Schreibwerkzeuges einen Füllfederhalter und steckt ihn gedankenverloren in die Handtasche. Der Vater, der seine Tochter sehr lieb hat und ihre kleinen Marotten kennt, bittet sie jedesmal augenzwinkernd, den Füllfederhalter doch wieder zurückzulegen, da er sehr an ihm hänge.

Als er sein geliebtes Stück eines Tages vermißt, ruft er bei seiner Tochter an, sie möge doch einmal nachschauen, ob sie den Stift wieder einmal eingesteckt habe.

»Nein, Papa, hab ich nicht.«

»Aber schau doch bitte mal nach.«

»Nein, Papa, ich hab ihn ganz bestimmt nicht. Unterstell mir nicht immer, ich würde deinen Füller verschwinden lassen. Du hast ihn bestimmt selbst verlegt.«

Von seiner eigenen Zerstreutheit überzeugt, begibt sich der Vater auf die Suche. Erfolglos.

Ein zweiter Anruf, der gleiche Dialog. Doch diesmal bittet der Vater seine Tochter, trotzdem einmal nachzuschauen, da er die ganze Wohnung durchsucht habe. Sie verspricht es.

Keine Nachricht.

Am dritten Tag ruft er, inzwischen sehr beunruhigt, erneut an: »Liebes, hast du den Füller gefunden?«

»Ich hab dir doch gesagt, daß ich ihn nicht habe.«

»Hast du denn nachgesehen?«

»Nein, warum? Ich habe ihn doch nicht.«

Da wird unser lieber Vater plötzlich sehr ernst und bittet seine Tochter eindringlich: »Dann schau bitte jetzt sofort in deiner Handtasche nach, ich bleibe solange am Telefon.«

Sie geht, kramt in ihrer Tasche und kommt zurück. Im Säuselton erklärt sie ihm: »Ach, tatsächlich, ich habe ihn gefunden, was für ein Glück, der böse Stift hatte sich einfach so versteckt.«

Da wallt unserem lieben Vater heißer noch das Blut: »Es ist ja unglaublich! Zweimal habe ich dich gebeten nachzusehen! Warum versprichst du es zuerst und tust es dann doch nicht, obwohl du weißt, wie sehr ich an diesem Füllfederhalter hänge?!«

Darauf reagiert die Tochter zornig: »Ich habe deine Unterstellungen satt, ständig behandelst du mich wie ein kleines dummes Mädchen! Behalt doch deinen Kram!« und knallt den Hörer auf die Gabel.

Diese hübsche Szene zeigt, wie exzellent die Kombination aus Unterstellungen, Minderwertigkeitsgefühlen und Vorwürfen wirken kann. Wir können gewiß sein, daß der Vater mit schweren Schuldgefühlen zurückbleibt und in der nächsten halben Stunde dreimal bei seiner Tochter anrufen muß, bis er ausreichend zu Kreuze gekrochen ist, daß sie ihm wieder vergibt. Versuchen Sie es selbst.

Um sich und Ihrer Phantasie möglichst viel Raum zu lassen, sollten Sie auf jeden Fall vermeiden, daß Ihr Partner und Sie Ihre gegenseitigen Gedanken und Gefühle kennenlernen. Je fremder Sie sich sind und bleiben, desto mehr können Sie sich gegenseitig unterstellen.

Das Geheimnis heißt also: Keine Perestroika und kein Glasnost. Schauen Sie mal, wohin uns Michail Gorbatschow mit diesem Unsinn gebracht hat: Wir haben keine Feindbilder mehr! Transparenz und Offenheit sind eine große Gefahr für unsere Unzufriedenheit. Wenn Sie einen Schritt in Richtung Ehrlichkeit und Umbau tun, sind Sie schnell auf den Abwegen einer erfüllten und zufriedenstellenden liebevollen Partnerschaft.

Verallgemeinerungen und Pauschalurteile

Vergegenwärtigen Sie sich, daß Unterstellungen sich in sinnvoller Weise durch Pauschalierungen und Verallgemeinerungen ergänzen lassen. Sie sind geeignet, andere Menschen zu verunsichern, sie zu disqualifizieren und ihnen das Gefühl angeborener tief verwurzelter Schlechtigkeit zu geben.

Im folgenden werden Sie in unserer kleinen Sprachschule einige weiterführende Ratschläge erhalten.

Kleine Sprachschule, 3. Teil

»Die Grenzen meiner Sprache bedeuten die Grenzen meiner Welt.« (Ludwig Wittgenstein)

Das Wort »typisch« gehört ebenso wie die Worte »immer« und »nie« zu den stärksten Waffen manipulativer Sprache, über die Sie unbedingt verfügen sollten. Falls Sie diese kleinen Unglücksbringer noch nicht zu Ihrem Basisvokabular gemacht haben, sollten Sie das so schnell wie möglich nachholen. Es ist ganz einfach. Probieren Sie es zum Beispiel mit folgender Variante:

Übung: Falls Ihr Partner oder Ihre Partnerin sich liebevoll und zärtlich nähert, an Ihrem Ohr knabbert und Ihnen etwas zuflüstert, das unmißverständlich heißt: »Ich habe Lust auf dich«, so wenden Sie sich abrupt ab. Sollte Ihr

Partner oder Ihre Partnerin dann mit Enttäuschung reagieren, so entgegnen Sie: »*Typisch* Mann, ihr habt *immer* nur das eine im Kopf« oder: »Ihr Frauen seid doch *alle* gleich. Siehst du nicht, daß ich beschäftigt bin? Könnt ihr euch denn *nie* zurückhalten?«

Das sitzt! Mit etwas Übung und Ausdauer können Sie schnell erreichen, daß sein oder ihr Werben nachläßt und kein sexuelles Interesse mehr geäußert wird. Aber jetzt schnappt die Falle erst richtig zu! Werfen Sie Ihrem Partner vor, er würde Sie nicht lieben, Sie nie geliebt haben. Beklagen Sie sich bitterlich. Sollte nun eine erneute Werbung stattfinden, reagieren Sie mit der bekannten Methode: »Jetzt will ich nicht mehr. Glaubst du, ich habe Lust, wenn ich dich darum bitten muß?«

Sollte Ihnen Ihr Partner nahelegen, doch mal zu einem Psychotherapeuten (jener gefährlichen Spezies subversiver Positivdenker) zu gehen, so antworten Sie vorwurfsvoll: »Klar, daß du auch der Meinung bist, ich gehöre in die Klapsmühle, damit ich *deine* Neurosen auskuriere.«

Sollte Ihr Partner im schlimmsten Falle selbst zur Spezies Psychotherapeut gehören, haben Sie einen eklatanten Fehler begangen. Werfen Sie dieses Buch weg und hängen Sie sich am besten sofort auf. Wollen Sie lieber noch etwas leiden, dann bringen Sie sich nicht gleich um, sondern antworten Sie: »Das ist eure Masche! Wenn ich mich nicht auf die Couch legen will, sagst du, es sei meine Abwehrhaltung. Und wenn ich mich auf die Couch lege, hast du den Beweis, wie nötig ich es habe und wie unfehlbar du bist!«

Egal, wie recht er hat, und unabhängig davon, ob er es selbst nötig hätte, haben Sie ihm ein Paradoxon in den Mund gelegt, auf das er keine Antwort mehr geben kann. Sie haben wieder gewonnen!

Nachschlag

Die richtige Partnerwahl

Bleibt also die alles entscheidende Frage, wie Sie den passenden Partner finden. Es ist ganz einfach: Er findet sich ganz von selbst.

Je nachdem, ob Sie sich für die Rolle der Supernova oder des Schwarzen Lochs entschieden haben, wird sich automatisch nach dem Schlüssel-Schlüsselloch-Prinzip entweder ein unterlegener oder ein überlegener Partner finden. Im ersten Fall haben Sie die Möglichkeit, ihn sofort zu beherrschen und sich zugleich bei ihm und bei Freunden über ihn zu beklagen, daß er langweilig, dumm, häßlich oder sonstwie geartet sei. Außerdem können Sie sich selbst bemitleiden – und was gäbe es Schöneres? Im zweiten Fall hingegen können Sie sich über die Dominanz Ihres Partners beschweren.

Eine weitere Möglichkeit ist es, sich einen interessanten Partner zu suchen, der eine einzige Schwäche hat: Sie zu lieben! Daraus eröffnet sich Ihnen eine Fülle ungeahnter Möglichkeiten, Ihr Leben unerträglich werden zu lassen. Da Sie sich inzwischen schon sicher sein können, daß Sie es eigentlich nicht wert sind, als Mensch unter Menschen zu weilen, machen Sie sich folgenden paradoxen Gedankengang zu eigen: Wenn er oder sie mich liebt, obwohl ich nicht liebenswert, sondern schlecht und wertlos bin, kann irgend etwas mit ihm oder ihr nicht stimmen. Jemanden, der mich liebt, kann ich nicht lieben!

Übung: Bewundern Sie Ihren Partner hemmungslos (»Boah, das möchte ich auch können …!«), aber freuen Sie sich nicht mit ihm über seine Erfolge und Fähigkeiten, sondern machen Sie ihm klar, wie unterlegen und mies (Dramatik schadet nicht) Sie sich seinet- oder ihretwegen fühlen, weil Sie dumm, häßlich oder nutzlos sind. Wenn Sie keine Gelegenheit auslassen und nur intensiv genug daran arbeiten, werden Sie Ihren Partner in große Verlegenheit bringen und ihn durch massive Schuldgefühle so sehr blockieren, daß seine Leistungen dramatisch nachlassen werden. Setzen Sie hier sofort den Hebel an und beklagen Sie sich über seine nachlassende und mangelnde Leistungsbereitschaft.

Je mehr Sie davon überzeugt sind, daß Ihr Partner, Ihre Eltern und andere Menschen prinzipiell mehr Rechte haben und besser sind als Sie, und daß Ihre einzige Aufgabe darin besteht, sich ihren Erwartungen gemäß zu verhalten, damit Sie geliebt werden, um so eher können Sie das Potential Ihrer Selbstverachtung durch Selbstverleugnung ausschöpfen.

Wenden wir uns zum Schluß noch einmal unserem Musterpärchen Narkissos und Echo zu. Wir glauben gemeinhin, Narkissos sei selbstverliebt gewesen. Das ist natürlich Unfug! In Wirklichkeit liebte Narkissos sich gar nicht, sondern er haßte sich. Der wahre Grund dafür liegt in den Tiefen der Vergangenheit: Narkissos war nämlich ein unerwünschtes Kind. Seine Mutter Leiriope war seinerzeit vom Flußgott Kephissos vergewaltigt und geschwängert worden. Bei jedem Anblick ihres Sohnes kamen die Bilder und alten Haßgefühle in ihr hoch. Narkissos spürte instinktiv, daß er am Leiden seiner Mutter schuld war, und haßte sich dafür abgrundtief.

Echo haßte sich auch, und zwar, weil sie Hera so abscheulich betrogen hatte. Welche innere Leere sie dazu trieb, mit Zeus ein so schmutziges Geschäft zu machen, wissen wir nicht. Vermutlich projizierte sie ihre eigene problematische Mutterbeziehung auf Hera und machte Zeus zum Substitut ihrer ödipalen Vaterbindung.

Narkissos und Echo demonstrieren damit auf vorbildliche Weise, wie sich Selbstverachtung in eine Co-Unzufriedenheit verwandeln läßt. Sie brauchen diesen Gegenpol genauso wie das Spiegelbild den Spiegel und der Schatten das Licht. Dann wächst zusammen, was zusammengehört: Schwarzes Loch und Supernova, die zwei narzißtischen Hälften, greifen ineinander und verschränken sich untrennbar zu einer teuflischen Mixtur. Denn was der Teufel zusammenfügt, soll das Leben nicht scheiden!

Was tun, wenn …

… Ihr Partner im schlimmsten Fall das Spiel und seine Spielregeln irgendwann durchschaut und zu protestieren beginnt? Nun, er könnte sich von Ihnen trennen. Das mag vielleicht auf den ersten Blick ganz gut klingen, denn dann sind Sie ihn endlich los und haben Ihre Freiheit und Autonomie zurück.

Aber Vorsicht! Etwas Schlimmeres kann Ihnen eigentlich nicht passieren, denn dann müßten Sie sich wieder ganz alleine quälen und müßten auf all die ergötzlichen Quälereien der Co-Unzufriedenheit verzichten. Und das wäre doch jammerschade!

Wenn Ihr Partner aber trotz aller Kniffe und Techniken nicht mitspielen will, dann, ja dann schicken Sie ihn einfach … zur Hölle!

Brevier der vermeidbaren Fehler

1. Es gibt immer nur eine Sichtweise – Ihre Sichtweise.
2. Berücksichtigen Sie niemals alle Faktoren.
3. Eine Sache hat nie positive und negative Seiten zugleich.
4. Scheitern führt immer zum Untergang.
5. Es gibt niemals Alternativen und Auswege.
6. Handeln Sie immer ohne Prinzipien und Werte.
7. Setzen Sie sich niemals erreichbare Ziele.
8. Beginnen Sie immer mit dem dritten vor dem ersten Schritt.
9. Denken Sie nie an Konsequenzen und Folgen.
10. Dankbarkeit und Demut machen schwach und abhängig.
11. Liebe ist Unsinn, Vertrauen ist Wahnsinn.
12. Suche Sie nicht nach dem Sinn Ihres Lebens.

Undanksagung

Mein großer Dank gilt all jenen, die mit Engelsgeduld versucht haben, mir das Leben zur Hölle zu machen. Durch ihre Zweideutigkeiten, die erfrischenden Wechselbäder ihrer fordernden Ablehnung und die »selbstlose Liebe« ihrer versteckten Allmachtsansprüche durfte ich zum Meister der Unzufriedenheit reifen.

Undank muß ich leider denen sagen, die mich gehindert haben, über diesem Buch zu verzweifeln, und die selbst beim Lesen der ersten Version nicht verzweifelten, sondern mir unverblümt ihre drastische Meinung gesagt haben. Natürlich dem Piper Verlag für die verrückte Idee, dieses Buch zu verlegen, ohne es zu kennen, meiner Lektorin, es trotzdem zu lektorieren, und denen, die es gekauft haben, ohne nach dem Lesen Regreßansprüche zu stellen. Alle anderen mögen sich einfach aus dem Sonderfond für Zufriedenheitsgeschädigte bedienen.

Paul Watzlawick

Anleitung zum Unglücklichsein
132 Seiten. SP 2100

Paul Watzlawicks »Anleitung zum Unglücklichsein« ist zum Kultbuch geworden. Die Geschichten, mit denen der Autor seine Leser zum Unglücklichsein anleitet – etwa die mit dem Hammer oder die mit den verscheuchten Elefanten –, sind inzwischen Allgemeingut.
Man kann Paul Watzlawicks neues Buch mit einem lachenden und einem weinenden Auge lesen. Jeder Leser dürfte etwas von sich selbst in diesem Buch wiederfinden – nämlich seine eigene Art und Weise, den Alltag unerträglich und das Triviale enorm zu machen.
Watzlawicks Anleitungen nicht zu befolgen ist der erste Schritt zum Glück.

»Ich habe das Buch in wenigen Stunden gelesen und gleich an die nächsten Freunde weitergeleitet. Schon der Grundgedanke ist faszinierend. Nicht – wie so viele Autoren, die in den letzten Jahren den Markt mit Glücksanleitungen überschwemmt haben – wohlfeile Gebrauchsanweisungen zu liefern, sondern uns den Spiegel vorzuhalten und zu zeigen, was wir alltäglich alles selbst gegen unser mögliches Glück tun.«
Walter Kindermann

»Eine amüsante Lektüre für Leute wie mich, die dazu neigen, sich das Leben schwer zu machen – ohne zu wissen, wie sie das eigentlich anstellen. Ein Lesevergnügen mit paradoxem Effekt. Das Nichtbefolgen der ›Anleitung zum Unglücklichsein‹ ist die Voraussetzung dafür, glücklich sein zu können.«
Brigitte

Vom Schlechten des Guten
oder Hekates Lösungen.
124 Seiten. SP 1304

»Ein sehr unterhaltend geschriebenes Buch, das sich mit Witz und Ironie der drängenden Probleme unserer Gegenwart annimmt und versucht, die Trugschlüsse der populärsten Problemlösungen aufzudecken.«
Österreichischer Rundfunk

»Das sich auf weite Strecken amüsant gebende und im Plauderton geschriebene Buch steckt voll tiefen Ernstes.«
Wiener Zeitung

SERIE PIPER

SERIE PIPER

Arthur Freeman
Rose DeWolf

Die 10 dümmsten Fehler kluger Leute

Wie man klassischen Denkfallen entgeht. Mit einem Vorwort von Aaron T. Beck. Aus dem Amerikanischen von Karin Diemerling. 295 Seiten. SP 2551

Jeder, selbst der Klügste, hat in seinem Leben mal etwas getan, was sich hinterher als dumm herausstellte. Arthur Freeman, einer der bedeutenden Vertreter der kognitiven Theorie, und die Journalistin Rose DeWolf zeigen in ihrem Buch klassische Denkfehler auf. Sie liegen in unseren Einstellungen begründet und können unser Leben entscheidend prägen. Ob es sich um übertriebenen Perfektionismus oder ewiges Ja-Sagen handelt, um den Hang zum Gedankenlesen statt der offenen Aussprache, um Besserwisserei oder die Sucht nach Vergleichen: Wenn man die Denkfehler erkennt, die unser Handeln und letztlich unser Glück behindern, so Freeman, ist der erste Schritt getan. Damit es bei der Selbsterkenntnis aber nicht bleibt, bietet der Band zahlreiche Lösungsvorschläge an, die einem bei der Umlenkung der eigenen Denkkraft behilflich sind.

Maximal, minimal, phänomenal

Superlative und Rekorde in Deutschland. Herausgegeben von Jörg Krichbaum. 157 Seiten. SP 2513

Der/die/das Größte, Kleinste, Stärkste, Älteste, Erste – es ist immer wieder die Faszination des Besonderen, die unsere staunende Bewunderung erregt, und das sogar im Bereich eher absurder Veranstaltungen wie Dauerküssen oder Kirschkernweitspucken. In dieser Faszination steckt bei den Deutschen – und das zeigt diese wunderbare Sammlung deutscher Rekorde – vor allem die Achtung vor der Leistung, eine tiefe, nahezu kultische Verehrung der Arbeit. Es sind erstaunliche Spitzenleistungen, die die Deutschen im Laufe der Geschichte erbracht haben. So sind sie nicht nur die größten Wurstesser und Biertrinker der Welt, sie haben auch den Buchdruck erfunden und die erste brauchbare Rechenmaschine konstruiert. Krichbaum hat sich bei seiner informativen, launigen, oft auch skurrilen Auswahl deutscher Superlative auf solche konzentriert, die noch heute zu besichtigen sind.

Walter Krämer, Götz Trenkler

Lexikon der populären Irrtümer

500 kapitale Mißverständnisse, Vorurteile und Denkfehler von Abendrot bis Zeppelin.
411 Seiten. SP 2446

Vorurteile und Irrtümer bestimmen unseren Blick auf die Welt im großen und ganzen, aber auch im kleinen und im besonderen. Die Autoren, renommierte Professoren, zeigen wissenschaftlich belegt und statistisch untermauert, von wie vielen und von welchen Irrtümern wir umgeben sind und wie es sich daneben mit der Wahrheit verhält.

Daß Spinat nicht gesünder ist als sonstige Gemüsesorten, Hamburg mehr Brücken als Venedig hat und Nero nicht grausamer war als andere römische Despoten, hat sich allenthalben herumgesprochen, doch immer noch kursieren Hunderte von weiteren Irrtümern und Mißverständnissen im sogenannten Allgemeinwissen. Die beiden Professoren Walter Krämer und Götz Trenkler rücken in ihrem Lexikon unser verschobenes Weltbild auf höchst amüsante Weise zurecht: So erfahren wir, daß die arabischen Ziffern gar nicht aus Arabien, sondern aus Indien stammen, der Vogel Strauß bei Gefahr gar nicht seinen Kopf in den Sand steckt, heißes Wasser einen Brand schneller löscht als kaltes und Raucher die Gesundheitskasse nicht mehr, sondern weniger belasten, weil sie früher sterben.

»Für den Rezensenten war das Lexikon der populären Irrtümer das erste Lexikon, das er von A bis Z gelesen hat – und das mit dem größten Vergnügen.«
Die Zeit

Walter Krämer

Denkste!

Trugschlüsse aus der Welt des Zufalls und der Zahlen.
188 Seiten. SP 2443

Walter Krämer, Michael Schmidt

Lexikon der populären Listen

Gott und die Welt in Daten, Fakten, Zahlen.
416 Seiten. SP 2591

SERIE PIPER

**Jürgen Hesse
Hans Christian
Schrader**

*Die Neurosen
der Chefs*
*Die seelischen Kosten der
Karriere. 237 Seiten. SP 2229*

Sie werden gesucht, sie werden gebraucht, aber sie versagen: Führungskräfte, Vorgesetzte, Manager und Chefs. Die Hauptquelle von Frust, Verzweiflung und Ineffektivität am Arbeitsplatz sind unfähige Führungskräfte. Doch woher kommt diese zunehmend beklagte Unfähigkeit? Ist die Quelle dieser Persönlichkeitsdefizite in der Firmenstruktur oder in der ganz persönlichen Biographie zu suchen? Wer die Leiden der Leitenden – Einsamkeit, Neid, Rivalität, Streß –, wer ihre Süchte – Alkohol, Medikamente, Arbeit, Macht – und wer ihre Krankheiten und ihr kriminelles Potential kennt und durchschaut, hat schon viel für sich gewonnen.

Zwischen dem Lohn der Aldi-Kassiererin und den Bezügen des Vorstandsvorsitzenden von Daimler-Benz liegen nicht nur Welten, sondern auch die Frage nach der Gerechtigkeit. Immer mehr verdienen immer weniger, und immer weniger verdienen immer mehr. Geld ist ein Symbol der Macht, was sich unschwer an der Unterbezahlung von Frauen und der Ersatzerotik alternder Vorstandsmillionäre erkennen läßt. Die Psychologen Jürgen Hesse und Hans Christian Schrader untersuchen die tiefgreifende Wirkung des Geldes und stellen die Frage nach Sinn und Gerechtigkeit bestehender Lohnsysteme. Sie brechen das Schweigen über Löhne und Gehälter und nennen Zahlen, Roß und Reiter. Außerdem schildern sie wichtige Strategien, die eigene Gehaltsvorstellung zu überprüfen und gegebenenfalls eine Gehaltserhöhung durchzusetzen. Denn: Verhandeln ums Geld lohnt sich fast immer.

Wer was verdient
*und worauf es ankommt, wenn Sie
Ihr Gehalt verhandeln.
246 Seiten. SP 2525*

Der Mensch als soziales Wesen

Sozialpsychologisches Denken im 20. Jahrhundert
Ein Lesebuch. Herausgegeben von Heiner Keupp.
378 Seiten. SP 1975

Wie sehr Menschen soziale Wesen sind, wird ihnen erst bewußt, wenn sich ihr vertrauter gesellschaftlicher Rahmen verändert. Sie fühlen sich dann zunehmend »unbehaust« und suchen nach ihren Fundamenten, nach Heimat, Gemeinschaft, Identität. Gegenwärtig leben wir in einer solchen Situation. Die Auseinandersetzung mit der Frage, was eigentlich den Menschen zum »sozialen Wese« macht, bekommt in der Krise aktuellen Sinn. Ist der Mensch von seiner Triebausstattung her dazu verurteilt, des Menschen Wolf zu sein? Kann er überhaupt die ihm spezifische Chance zu Freiheit und Selbstbestimmung wahrnehmen? Zu diesen Grundfragen der Sozialpsychologie versammelt dieses Lesebuch zentrale Texte des 20. Jahrhunderts.

Das Wörterbuch des Gutmenschen

Betroffenheitsjargon und Gesinnungskitsch. Herausgegeben von Klaus Bittermannn.
247 Seiten. SP 2695

Gute Menschen haben Problembewußtsein, leisten Trauerarbeit und gehen ständig aufeinander zu. Sie sind mutig, kreativ und konstruktiv. Wenn sie in die öffentliche Debatte eingreifen, tun sie das aus Betroffenheit und aus tiefer Empörung, und das macht sie so richtig glaubwürdig. Gute Menschen halten sich für Querdenker, die die Mauer in unseren Köpfen einreißen wollen, sie sind immer offen für alle Fragen und Probleme und brechen mit Vorliebe verkrustete Strukturen auf. Menschlichkeit und Identität sind zentrale Pathos-Vokabeln ihrer Schaumsprache. – Die durchaus beabsichtigt polemischen Arktikel dieses »Wörterbuchs des Gutmenschen‹ analysieren, was sich hinter den hehren und wabernden Worten verbirgt: der sanfte Zwang zum Bekenntnis, die Affirmation des Bestehenden, Verbrüderungskitsch.

SERIE PIPER